小学校外国語活動
成功させる 55 の秘訣
うまくいかないのには理由(わけ)がある

金森　強

成美堂

こんなつぶやきが

- 英語どころじゃないんだよ
- 外国語活動って本当に必要なの?
- 私の目が黒いうちは英語などやらせん
- 英語ペラペラなら国際人?
- 間違ったこと教えたくない……
- 研修に行ったらますます英語が嫌いになったよ
- ネイティブがやってくれるのが一番
- 英語教えるなんて無理無理!
- やばい! 明日 ALT が来る日!?
- この歳で英会話スクール通いだよ
- 「害酷語教育」!?

聞こえてきます

- 次、英語？ラッキー テキトーに遊んでよっと
- 英語でペラペラ話されてもわかるわけないじゃん
- こんなのおぼえられないよ
- 先生テンション高すぎだしー
- 私も塾に行かなくちゃ
- いつも同じゲームばっかり……
- ペアとか組むのめんどくさいし
- 英語って幼稚……
- なんでこんな踊りやるの？
- 英語なんかもう嫌い

コミュニケーション ＝ 『想』

はじめに

　20年以上にわたる議論を経て、平成23年度より小学校高学年で週1コマの外国語活動が始まりました。平成4年からの研究開発学校での取り組みをスタートに、平成14年度には「総合的な学習の時間」における国際理解教育の一環として外国語会話等が実施できることとなり、この度、学習指導要領に初めて「外国語活動」が位置づけられたのです。

　しかし、教科ではなく、中学校のように評点はつきませんし、教科書もありません。指導は、主に担任が中心に行います。現場では未だ多くの課題が見られます。教え込みによる英語嫌いの増加、外部講師への丸投げ、不十分な研修による指導への不安と負担感など、さまざまです。

　指導内容に一定の質を確保する目的で文部科学省が制作した教材『英語ノート』が現場に配付され使われてきましたが、事業仕分けによって廃止となり、24年度には異なる教材が配付される予定です。次々と変わる状況に現場が振り回されている感は否めません。初めての取り組みである外国語活動への条件整備として、国が教材を準備することのメリットもあるのでしょうが、これに縛られすぎてしまい、せっかくの現場のアイディアや自発的な取り組みを育てられずにいる面もあるようです。

　一方、外国語活動に意義を見出し、学校の柱として「豊かなコミュニケーション能力の育成」をめざしながら、自分たちで教材やカリキュラムを開発し、有意義な取り組みをしている先生方もたくさんいます。

　そこでは、地域の中学校との接続を意識し、中学校の英語教師との情報交換や交流、児童・生徒の交流まで、さまざまな取り組みが行われています。『英語ノート』も自分たちの学校の年間行事やカリキュラムと関連させながら、適宜、効果的な使用ができるように心がけているようです。小中一緒に研修を組むことで情報の共有を図るなど、その取り組みを広げる後押しを具体的に進めている行政も出てきています。

　また、ALT（外国語指導助手）や外部講師中心ではなく、担任主導の授業が進んだことで、英語の技能面ではなく、コミュニケーション能力の育成を意

識した授業実践が進んでいます。そうすることで子どもたちが安心して授業に取り組むことができ、学級経営や母語でのコミュニケーション面における変容が見られるという話も聞くようになってきました。現場の努力で、「英語を教える」のではなく、「子どもを育てる英語教育」が生まれていることをうれしく思います。

　「日本は東アジアから遅れをとっている」と言う人もいます。しかし、日本の小学校外国語活動が、東アジアの他の国と異なり、教科ではなく領域として導入されたことには、日本の多言語教育政策構築の面で、大きな意義があると考えています。「ことばとの出合い」「開かれた心の育成」「人と関わるためのことばの使用」「国際教育としての外国語教育」が小学校から始まること自体に、新たな可能性があると言えるからです。日本だからこそできる外国語教育が生まれてくることに期待したいと思っています。

　筆者は児童英語教育、小学校英語教育に関わり20年になります。最初の10年は、小学校の先生とともに、小学生への指導、教材研究を行ってきました。そこで得た知見をもとに、小学校段階における、外国語を学ぶことの意義や指導法、教材開発などに、ある一定の確信を持つに至りました。その後、中教審外国語専門部会委員として、小学校での外国語活動必修化の検討にも参加させていただきました。また、中学校や高等学校の英語教育に関わることで、遠くから小学校外国語活動を見ることもできました。

　本書は、これまでに現場で指導に携わる中で目にした多くの課題や事例をもとに、何が問題でどうすればよいのか、どういう視点が必要かということをまとめたものです。できるだけ専門用語を省き、わかりやすいことばでお伝えすることに留意しました。繰り返し出てくる部分については、大切なことであると思っていただければ幸いです。すでに「英語嫌い」などの問題が出ている学校では処方箋として、そうでない学校も「転ばぬ先の杖」として、繰り返しめくっていただきご活用いただければうれしく思います。

金森　強

CONTENTS

はじめに 4
本書の特長と使い方 10

序章　外国語活動で育てる力 ―目的と理念― 11
　（1）　週1回でつく英語力とは 12
　（2）　全人教育として外国語活動を考える 13
　（3）　大切にしたい態度・価値観 16
　（4）　早い完成をめざさなくていい 18　　［章のまとめ］20

1章　「ことばの教育」であるために 21
　1　「安心できる教室」づくりから始めよう 22
　2　「オール・イングリッシュ」が理想でしょうか 24
　　　　○英語のシャワーは効果あり？ 26
　3　ハイテンションになる理由は？ 28
　4　「大きな声」はいつも必要ですか 30　○ACTIVITY 32
　5　先生は「コミュニケーションのお手本」に 36
　6　早い、うまい、でも……？ 38　　○ACTIVITY 40
　7　自分の名前も相手の名前も大切に 42
　　　　○現場の取り組みから［1］44
　　　　○What's your name?も言い方次第　○英語名は必要ですか 45
　8　素敵なあいさつ、してみませんか 46
　9　「お祭り授業」を卒業しよう 48
　　　　○「大きな声」より「心の元気」50
　　　　○「脳の活性化」で賢くなる？ 51　　［章のまとめ］52

2章　発音はとっても難しい 53
　10　子どもなら簡単にできること？ 54
　11　「舌を出して」「舌を噛んで」では伝わらない 56
　　　　○発音を乗り越えるチカラ 58
　12　「英語のリズム」は体得できる？ 60
　13　大切なのはコミュニケーションへの姿勢 62　　［章のまとめ］64

3章　よりよいT.T.の実施のために　65
14　責任ある教育の実施を　66
15　効果的な役割分担を考えよう　68
16　「ネイティブ信仰」を疑ってみる　70
17　JTEとの十分な共通理解を　72
18　英語教室のようなスキルの指導に偏ると……　74
19　ALTはCD代わりではありません　76
　　　○担任中心の授業が望ましい理由　78
　　　○現場の取り組みから[2]　79　　　[章のまとめ]　80

4章　じっくり聞くことから始めよう　81
20　毎回新しいことを教えて大丈夫?　82
　　　○授業の展開と指導の基本　84
21　『英語ノート』はアレンジして使おう　86
　　　○『英語ノート』との上手なつきあい方　88
22　参加していない子どもはいませんか　90
23　答えないのは、見ればわかるから　92
24　まねして終わりではもったいない　94
25　最後まで聞きたくなる活動を　96
　　　○「考えながら聞く」活動を　98
　　　○越えられそうなハードルを　99　　　[章のまとめ]　100

5章　無理なく発話につなげよう　101
26　子どもの声が小さくなる理由　102
27　心のこもらない棒読みになるのはなぜ　104
28　発話はいつも一斉がいい?　106
29　英語にふりがなをふり始めたら要注意　108
30　ほら、ローマ字読みになっている　110
　　　○カタカナ英語にならないための「聞く活動」の例　112
31　文字指導はいつから、どのように?　114
　　　○語彙の楽しい増やし方　116　　　[章のまとめ]　118

CONTENTS

6章　活動を豊かにするポイント　119
- 32　買い物ゲームで育てる力とは　120
- 33　コミュニケーションの質を豊かに　122
  - ○子どもが英語を使わなくなる理由　124
  - ○アイコンタクトが自然に生まれる手立てを　125
- 34　「競争」でなく「協力」を　126
  - ○大切にしたい共同(協働)学習の視点　128
- 35　同じ言語材料でもこんなに変わる　130
- 36　望ましい学習形態を考える　132
- 37　友達のことを知る活動を仕組む　134
- 38　思いを伝える場づくりを　136
  - ○現場の取り組みから[3][4][5]　138
  - ○子どもの個性が生きる教材と活動づくり　144
  - ○ひとつのメソッドにとらわれずに　145
  - ○心を育てるカウンセリングの視点　146　　　[章のまとめ]　148

7章　教材選びの知恵袋　149
- 39　その選曲は先生の趣味ですか　150
  - ○歌を選ぶなら・使うなら　152
- 40　チャンツは確かに楽しいけれど……　154
- 41　絵本や紙芝居も使い方次第　156
  - ○視聴覚教材の選び方　158
- 42　デジタル万能時代を疑ってみる　160
- 43　英語劇、セリフのない子はいませんか　162
  - ○オリジナル教材開発の勧め　164
- 44　子どもに与えたい教材とは　166　　　[章のまとめ]　168

8章　国際教育の充実をめざして　169
- 45　「世界のあいさつ」が植民地ゲームに　170
- 46　体験的な「気づき」を生み出すためには　172
- 47　形だけの国際理解？　174

48　子どもの持つ知識や情報を活用しよう　176
       ○表面的な「異文化理解」で終わらないために　178
       ○国際理解教育のねらいとは　179
       ○他教科との連携で「総合的な知」を育てる　180
       [章のまとめ]　182

9章　目標・評価・指導の一体化を　183
    49　めあてと評価規準は一致していますか　184
    50　ふりかえりのことばを大切に　186
       ○評価規準の構築こそがカギ　188
    51　コミュニケーション＝『想』　190
       ○「聴く」から「伝える」につながる統合的な活動を　192
       ○現場の取り組みから[6]　194　　　[章のまとめ]　196

10章　教師集団としての取り組みへ　197
    52　学校や児童の実態に合った指導を　198
    53　保護者の理解を得るために　200
    54　望ましい研修を考える　202
    55　小中の接続と連携を考えよう　204　　　[章のまとめ]　206

11章　[座談会]外国語活動には子どもを変える力がある　207
       担任だから創れる　広がりを生む授業

終章　外国語活動の未来へ　221
       ◎特別寄稿　222
        「中学校からの英語教育はどう変わるか
        ―小学校との接続を踏まえて―」平木　裕(ひろし)(国立教育政策研究所　教育課程調査官)
       ◎小学校外国語活動の展望　226

あとがき　228
[付録]〈授業をふりかえる省察のためのチェックリスト〉　230
主な参考文献　233

【本書の特長と使い方】

● よりよい外国語活動にするための55のポイント

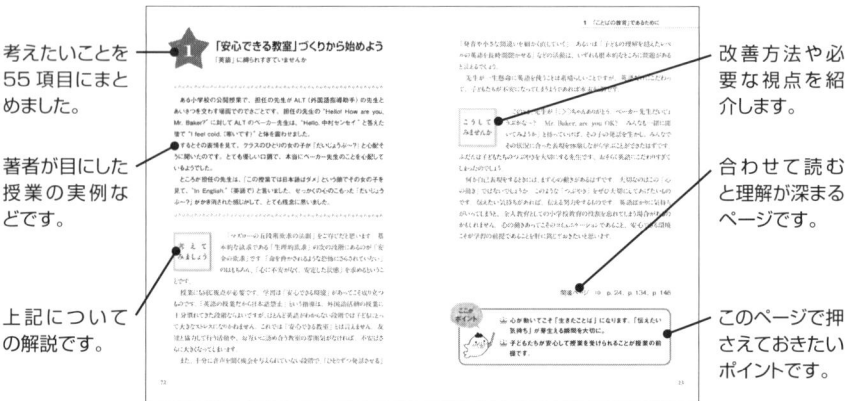

考えたいことを55項目にまとめました。

著者が目にした授業の実例などです。

上記についての解説です。

改善方法や必要な視点を紹介します。

合わせて読むと理解が深まるページです。

このページで押さえておきたいポイントです。

※「秘訣」を補足するコラム3種類もあわせてお読みください。

● 理解度が確認できる 各章のまとめ

各章に出てきた内容について、理解度を確かめられます。

● 巻末付録・授業をふりかえる チェックリスト

自分の授業についてチェックしてみましょう。研修でのチェックリストとしてもご活用いただけます。

● 読者限定 WEBコンテンツ

WEBサイト上でメルマガにご登録いただくか、本書のアンケートにお答えください。アクティビティ案など特典コンテンツのご案内が届きます（無料）。

```
特典コンテンツをご利用の場合には、
以下が必要になります。
『小学校外国語活動 成功させる55の秘訣』
登録用パスワード：kids 7153
```

詳しくは ⇒ http://www.seibido.co.jp/kids/
（「成美堂」「小学校」で検索）

ぼくがナビゲーターの「ごまお先生」です！よろしくね。

※ごまお先生：地球にやってきた、いろいろな言語を話す1歳のアザラシ。英語を話す音声ペン「らくらくペン」にときどき変身し、日本のあちこちで、外国語活動の授業を手伝っている。

（「らくらくペン」のご案内は巻末にあります）

外国語活動で育てる力

― 目的と理念 ―

(1) 週1回でつく英語力とは

(2) 全人教育として外国語活動を考える

(3) 大切にしたい態度・価値観

(4) 早い完成をめざさなくていい

(1) 週1回でつく英語力とは

英語は簡単にマスターできない

　保護者の中には、「小学校で英語が始まるのなら、うちの子もペラペラになれるかしら」と大きな期待を抱いている方もいるかもしれません。しかし週1コマ、年間35時間の外国語活動で「英語の力がつく」というのは大きな誤解です。まして「ペラペラになる」「ネイティブ・スピーカーのような発音になれる」というようなことも幻想にすぎません。常に英語に囲まれ、英語でコミュニケーションをとらなくてはいけない環境であれば「子どものうちから始めてバイリンガルになれる」ということは珍しいことではありません。しかし、ごくふつうに日本に暮らす小学生が、簡単に英語をマスターできるはずがないのです。

言語習得には長い時間が必要

　そもそも、英語の母語話者は、小学校に入るまでに17000時間以上の母語にふれると言われています。となると、私たちが外国語として英語を学ぶためにも相当な時間が必要ということになります。週1回、年間35時間、2年間でもたった70時間（17000時間の0.4％）です。これで英語の力が定着するはずはありませんし、日本語に悪影響があるとも思えません。中学校では、今後英語の授業が週3時間から4時間に増えますが、3年間の授業を合計した420時間は、それでも17000時間の2％に過ぎません。

　「中学、高校、大学まで英語を学んだはずなのに、なぜ英語が使えないのか」とよく言われますが、そもそも外国語の習得には、長い時間と努力が必要であり、実際に英語を使用する時間を十分確保する必要があります。学校の授業だけで「マスターできる」と期待すること自体が、現実的ではないと言えるでしょう。

　現在、英語を使えるようになっている人は、学校の授業以外で、あるいは社会に出てから、相当な時間をかけて勉強し、努力をした人であることに間違いありません。また、いわゆる「バイリンガル」と言われる人でも、「読み・書き」を含めて高い言語能力を保持していくためには、継続的な努力が必要になるのです。

　もちろん学校の英語教育も、「使える英語をめざす」ために、授業のあり方、

指導法も変わってきています。小学校の外国語活動も、英語教育改善のためのひとつの施策と言えます。外国語に出合うことを通して言語や文化への興味・関心を高めることに加え、「聞く」「話す」の部分について、小学校の段階でなじませるという意味合いがあります。

週1回でも嫌いにすることはできる

とはいえ、小学校で週に1回だけしか行わない授業では、スキル（技能）面で期待できることはたいへん少ないと言えるでしょう。1週間たてば、ほとんどのことも忘れてしまうはずです。

「頭の柔軟なうちに、どんどん覚えさせたらいい」という声もあります。しかしピアノや水泳、サッカーなどのおけいこごと、クラブ活動なども、週1時間の練習時間でできることは限られているはずです。その中でたくさんのことを教えようとすると、子どもへの負担を増やし、英語嫌いを中学入学前に増やしてしまうことが危惧されます。

では、外国語活動では何をすればよいのでしょうか。言語習得において子どものほうが優位なこととして、「外国語への心理的なハードルが低い」「まねをするのが上手」といった面があります。一方、「読み書き」については、大人のほうが効率よく能力を伸ばせるという研究があります。言語学習は継続性が大事であり、小さいときに学んだからあとはいいということも、早く始めないと間に合わないということもありません。子どもの特性を生かしながら、また、公教育で行うことの意味を考えながら、長期的視野に立って外国語活動のあり方を考える必要があります。

（2）全人教育として外国語活動を考える

これからの時代に必要な資質とは

少し別の視点から考えてみましょう。英語ができるというだけで、将来の成功が保証されるわけではありませんし、ましてや幸せになれるかどうかもわかりません。私たちは未来の日本・世界を考えた上で、今、小学校でどのような教育が必要なのかを検討する必要があります。

グローバル化が進む中、日本にいても世界とのコミュニケーションなしには生きていけない時代になる可能性は高いでしょう。また「世界」と言うとき、欧米社会だけを想定する時代でもありません。少子高齢化が進めば、海外からの移民を今よりもたくさん受け入れる状況になることも予想されます。
　このような時代においては、多様な文化・価値観を持つ人々に対して、偏見を持たずにコミュニケーションをとりながら、豊かな人間関係を結び、さまざまな人々と協力して共存・共生していくことが求められます。もちろん、身近な人と信頼関係を結ぶことができなければ、ビジネスも共同体における社会的な活動も、うまく進められるはずがありません。
　「英語を教える」というと、「単語やフレーズをたくさん覚えさせること」と考える人が多いようです。しかし、「ことば」は、心の成長と切り離して考えることはできません。教え込めば使えるようになるものではありませんし、英語のスキルや知識だけを持っていても、それを本当にコミュニケーションに生かせるかどうかはその人の姿勢次第です。世界のことをよく知っていても、隣に座っている友達と仲良くしようとする気持ちがなければ本当の役には立たないはずです。

多様な人々と共生できる力を
　こう考えると、全人教育である小学校教育において、「言語教育」である外国語活動に求められることが見えてきます。必要なのは、言語のスキル（技能）や知識だけではありません。より大切なのは、「ことばを使う」ことの土台となる、「人と関わる態度、自分と異なる人を受け止め、積極的にコミュニケーションをとろうとする姿勢」です。「人と関わること」という側面を無視して、ことばの教育は成り立たないからです。
　校内暴力の件数は年々増えています。自分を好きになり、自分に自信を持てなければ、友達を受け止めることも人に優しくすることもできません。自分を守るために友達を攻撃してしまうような子どもも増えているのかもしれません。また、今の子どもたちについて、「人と人とのつながり」を糸として考えると、細い糸のわずかなつながりしかないことも指摘されています。人との関わりを実感できる体験が、今の子どもたちにはもっと必要なのではないでしょうか。

人と関わり合う機会、自己表現の体験がもたらすもの

外国語活動を通して人と関わる楽しさを体験すること、簡単な英語を使って自分のことを表現する機会、友達から受け止めてもらう機会を持つことは、基本的な「人と関わり合う」体験を取り戻すことにもなり、社会性の育成の面からもたいへん意義があると言えます。

コミュニケーションを通して友達とつながる体験には「心と心をつなぐ糸を増やしていく」役割も期待できます。それはカウンセリングの側面も持ち、子どもの自尊心や他者尊重の心を育むことにもつながります。

さらに、外国語にふれながらさまざまな人と関わることで、文化の相対性、また異なる言語・文化を持つ人たちの命も自分と同じ尊い命であることに気づかせることができれば、外国語活動が、社会の中で生きていくために必要な社会性とともに、「地球市民として必要な資質」を育む教育にもつながっていくはずです。

母語教育のコミュニケーションを補完する役割も

このような教育は、母語以外の言語だからこそできる側面があります。外国語にふれることは、自分たちとは異なるものの存在をはっきりと体感する機会となり、同時に、異なる文化を持つ人たちとの共通点にも気づき、母語をふりかえる機会とすることもできるからです。

手話を子どもたちに教えると、身を乗り出し、「何を伝えようとしているんだろう」と想像力を働かせながら、話し手の一挙一動、表情を真剣に見つめます。この活動における「通じた」「わかった」「伝えられた」という喜びは、母語以外だからこそ起こりうる体験とも言えます。英語でも同じことが言えるはずです。外国語教育には、母語教育でのコミュニケーションを補完する役割も期待できると言えるのです。

小学校で子どもたちがふれるのは、手話でもよいでしょうし、英語以外の言語でもよいはずです。大切なのは、世の中にはさまざまな言語、人、文化があることに気づき、そこに優劣はないと知ることです。ただし英語には、「国際補助語」として、日本語を母語としない人たちと私たちをつないでくれる大きな役割があることは見逃せません。

求められる「多言語教育」の視点

　欧州では「複言語・複文化主義」により、「多言語教育の一環としての外国語教育」という考え方が受け入れられています。例えば、スイスのジュネーブ州では、母語以外の言語や文化に対する「開かれた心」を育てることをねらいとする EOLE（Eveil au langage／Ouverture aux langues）アプローチという教育が実施されています。これは、「異なった言語体験や異文化体験が、他者への寛容な精神や態度をうながす」という考えを基本にした多言語教育の方法です。同じくスイスのバーゼル市では、ことば・文化との出合いの教育 ELBE（Eveil aux Langues, Language Awareness, Begegnung mit Sprachen）が実施されています。教育言語はドイツ語ですが、さまざまな母語を持つ児童が、ことばへの気づきや出合いを通して、異なる文化や言語的背景を持つ人々を受け入れることをめざしています。このような視点は、今後の日本にも求められることではないでしょうか。

（3）大切にしたい態度・価値観

コミュニケーション能力の素地とは

　外国語活動の目標は、学習指導要領に次のように示されています。

> 外国語を通じて、言語や文化について体験的に理解を深め、積極的にコミュニケーションを図ろうとする態度の育成を図り、外国語の音声や基本的な表現に慣れ親しませながら、コミュニケーション能力の素地を養う。

　この目標は以下の3つの柱から成り立っています。すなわち、外国語を通じて、
1）言語や文化について体験的に理解を深める。
2）積極的にコミュニケーションを図ろうとする態度の育成を図る。
3）外国語の音声や基本的な表現に慣れ親しませる。
　この3つの柱を通して「コミュニケーション能力の素地」を養うわけですが、最も重視すべき点は、2）の「積極的にコミュニケーションを図ろうとする態度の育成を図ること」とされています（『学習指導要領解説』）。

コミュニケーション能力には「聞く」「話す」「読む」「書く」の4技能があり、中学・高校の外国語科では4技能を総合的に身につけることとなっています。小学校の外国語活動においては、「聞く」「話す」ことなど音声面を中心としたコミュニケーション能力の素地を養うことが期待されています。この技能面を支える土台となるのが、「コミュニケーションを図ろうとする態度」と言うことができるでしょう。

態度・価値観を育てる視点

小学校教育の目標は、豊かな人間性の基本となる「知育・徳育・体育」の育成をめざすことです。外国語教育を通して育てるべき資質を、知識、技能、態度・価値観面の3つに分けて考えると、発達段階に応じてその割合は変わってくるものと考えられます（図1参照）。

まずは、コミュニケーションを楽しむ態度とともに、自ら学ぶ姿勢や、異文化への寛容な心・態度を育むことが大切です。そして、発達段階が進むにつれて、「知識」「技能」面の育成をバランスよく行っていくことが望ましいと考えられます。外国語への関心を高め、「自律的な生涯外国語学習者」の芽を育てることも、外国語活動の大切な役割です。

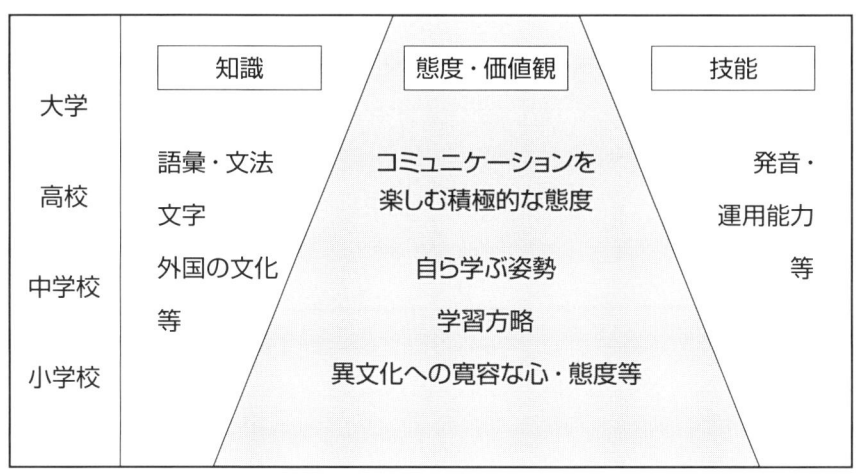

【図1】 外国語教育を通して育む、段階別異文化コミュニケーション能力の資質

© KANAMORI, Tsuyoshi, 2006

4）　早い完成をめざさなくていい

コミュニケーションの楽しさを体験させる授業を

　これまで見てきたように、外国語活動で大切にしたいのは、「スキルの獲得」よりも、「コミュニケーションの体験によってしか育まれない、人と関わるという基本的なコミュニケーション能力の育成」と言えます。

　簡単なコミュニケーションの体験を通して、友達やゲスト・スピーカーとのふれあいの中で「コミュニケーションへの積極的な態度」を養うことや「外国語（英語）や異文化への興味関心を高めること」を主眼に置くことが大切です。そして、関心や意欲が高まることで、結果的に「外国語（英語）の音声の特徴に気づくこと、聞いてわかる音声受容語彙を増やし、意味の塊で聞き取る力を育てること」など、英語のスキル面の育成も少しだけ期待されるはずです。

　そのためにも、ことばを使って先生やALT（外国語指導助手）、友達と関わりながら、コミュニケーションの楽しさをたくさん体験させる外国語活動であってほしいと思います。単なる繰り返しや暗記ではなく、短い表現でも子どもが心を込めて表現する機会、自分のアイディアを表現する機会を大切にし、友達に受け止めてもらう体験となることが大切です。

ずっと学び続けていける素地を養う

　英語に限らず、指導者の中には、教え子を「早期に完成させること」が「善」であると思いこんでいる方も多いようです。ただし、スポーツでも、過酷な練習のために負担がかかりすぎて体を壊したり、「燃え尽き症候群」ということばもあるように、生涯スポーツとして続けることができなくなったりするケースもあります。

　早い段階で高いレベルのスキルを与えても、その後、その子どもたちがそのスポーツをやめてしまうようであれば、良い指導者とは言えないのではないでしょうか。英語教育においても同じで、結果として早い段階から英語嫌いを増やしてしまうような指導であれば、小学校の教育にはふさわしくないということになります。

　柔軟な子どもの頭には、鍛えればある程度までは詰め込めるのかもしれません。ただし、すべての教育と同様に、小学校で能力を完成させるわけではありません。

生涯学習という長いスパンで考え、小学校・中学校・(高校) を通してある到達目標まで達成することを考えれば、どこかの段階で「留める」ことも大切なことであり、大人の知恵と言えるでしょう。

外国語活動は「早期英才教育」ではありません。小学校での体験が中学校以降の英語や第二外国語の学習への動機づけとなるように、この時期にこそ育てておきたい態度や能力の育成に重点を置くべきでしょう。

ある県の研修に行ったとき、小学校の先生方に教育長さんがこうおっしゃっていました。「中学校英語への渇きを覚えさせて小学校を卒業させてください」。教えすぎることなく、たくさんの意欲を育ててほしいと思います。

「ことば」の大切さを伝える教育として

ことばは人を傷つけることも生かすこともできる魔法の道具です。体についた傷は治りますが、ことばで傷つけられた心の傷はなかなか治るものではありません。人をつなぐ「ことば」「コミュニケーション」の大切さを伝える教育として、英語教育が果たしえる役割があるはずです。

このような「ことばの教育」としての外国語活動の実践を、地味であっても少しずつ進めている先生方が全国にたくさんいます。英語教育は「トレーニング」ではなく、「エデュケーション」であってほしいと思います。小学校段階にふさわしい外国語活動が、さらに広がっていくことを期待したいと思います。

NEXT ⇨

外国語活動の目的と理念、大切にすべきことを見てきました。1章からは、「コミュニケーションへの積極的な態度」を養うことを主眼に、「言語・文化への理解」を深め、「外国語(英語)の音声や表現に慣れ親しませる」という学習指導要領の3つの柱を達成するために、どのようなことに気をつけるべきか、どんな手立てが必要かを考えていきます。

REFLECTION (ふりかえり・まとめ)

序章　外国語活動で育てる力

★以下の項目についてどれくらい理解できているか、マーカーで塗ってみましょう。十分に理解できていない項目は読み直しておきましょう。

・週1回で英語の力をつけることの難しさ

| 0% | 25% | 50% | 75% | 100% |

・全人教育として外国語活動を考えることの大切さ

| 0% | 25% | 50% | 75% | 100% |

・態度・価値観を育てることの意義

| 0% | 25% | 50% | 75% | 100% |

・生涯学習として考えることの大切さ

| 0% | 25% | 50% | 75% | 100% |

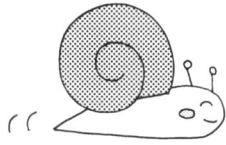

1章

「ことばの教育」であるために

日本語も英語も「ことば」です

・外国語活動は、楽しく盛り上がらなければならない。
・外国語活動には、特別な心構えとテンションが必要だ。
・外国語活動で大切なのは Big Voice, Big Smile, Eye Contact だ。
・外国語活動はリズムとテンポが命。

こんなふうに思っていませんか?

学校目標に「よく考える」「伝え合う心」を掲げながら、なぜ外国語活動では「大きな声で」「笑顔で」「アイコンタクト」が合言葉なのでしょう。言語教育、「ことばの教育」として外国語活動を考えてみませんか。

1 「安心できる教室」づくりから始めよう
「英語」に縛られすぎていませんか

ある小学校の公開授業で、担任の先生がALT（外国語指導助手）の先生とあいさつを交わす場面でのできごとです。担任の先生の"Hello! How are you, Mr. Baker?"に対してALTのベーカー先生は、"Hello. 中村センセイ."と答えた後で"I feel cold.（寒いです）"と体を震わせました。

するとその表情を見て、クラスのひとりの女の子が「だいじょうぶ〜?」と心配そうに聞いたのです。とても優しい口調で、本当にベーカー先生のことを心配しているようでした。

ところが担任の先生は、「この授業では日本語はダメ」という顔でその女の子を見て、"In English."（英語で）と言いました。せっかくの心のこもった「だいじょうぶ〜?」がかき消された感じがして、とても残念に思いました。

考えてみましょう　「マズローの五段階欲求の法則」をご存じだと思います。基本的な欲求である「生理的欲求」の次の段階にあるのが「安全の欲求」です。「命を脅かされるような恐怖にさらされていない」のはもちろん、「心に不安がなく、安定した状態」を求めるということです。

授業にも同じ視点が必要です。学習は「安心できる環境」があってこそ成り立つものです。「英語の授業だから日本語禁止」という指導は、外国語活動の授業に十分慣れてきた段階ならよいですが、ほとんど英語がわからない段階では子どもにとって大きなストレスになりかねません。これでは「安心できる教室」とは言えません。友達と協力して行う活動や、お互いに認め合う教室の雰囲気がなければ、不安はさらに大きくなってしまいます。

また、十分に音声を聞く機会を与えられていない段階で、「ひとりずつ発話させる」

1 「ことばの教育」であるために

「発音や小さな間違いを細かく直していく」、あるいは「子どもの理解を超えたレベルの英語を長時間聞かせる」などの活動は、いずれも根本的なところに問題があると言えるでしょう。

先生が一生懸命に英語を使うことは素晴らしいことですが、英語だけにこだわって、子どもたちが不安になってしまうようであれば本末転倒です。

> **こうしてみませんか**
>
> このとき、先生が「○○ちゃんありがとう。ベーカー先生だいじょうぶかな〜？ Mr. Baker, are you OK? みんなも一緒に聞いてみようか」と持っていけば、その子の発話を生かし、みんなでその状況に合った表現を体験しながら学ぶことができたはずです。

ふだんは子どもたちのつぶやきを大切にする先生です。おそらく英語にこだわりすぎてしまったのでしょう。

何か自己表現をするときには、まず心の動きがあるはずです。大切なのはこの「心の動き」ではないでしょうか。このような「つぶやき」をぜひ大切にしてあげたいものです。伝えたい気持ちがあれば、伝える努力をするものです。英語ばかりに気持ちがいってしまうと、全人教育としての小学校教育の役割を忘れてしまう場合があるのかもしれません。心の動きあってこそのコミュニケーションであること、安心できる環境こそが学習の前提であることを肝に銘じておきたいと思います。

関連ページ ⇒ p. 24、p. 134、p. 146

ここがポイント

- 👑 心が動いてこそ「生きたことば」になります。「伝えたい気持ち」が芽生える瞬間を大切に。
- 👑 子どもたちが安心して授業を受けられることが授業の前提です。

② 「オール・イングリッシュ」が理想でしょうか
わかる英語をたくさん聞かせ、日本語も上手に活用しよう

研究開発学校などの公開授業では、「オール・イングリッシュ」で行う授業もよく見られます。参観した他の先生方が「全部英語で進めないといけないのだろうか」とプレッシャーを感じるのも無理はありません。授業をすべて英語で進めることが本当に望ましいのでしょうか。

考えてみましょう　授業をすべて英語で行わなければならないというのは大きな誤解です。もちろん、先生が英語を使うこと、たくさんの英語を聞かせる（インプットを与える）ことは大事ですが、大切なのは、子どもたちが興味を持って英語を聞き、理解しているかどうかです。わからない英語をいくら聞かせても意味はありません。児童の理解度をはるかに超える英語の発話が続けば、当然、子どもたちはあっという間に集中しなくなってしまいます。これは日本語でも、大人でも同じことでしょう。ネイティブ・スピーカーによる英語だけの授業で、難しすぎて英語嫌いになってしまった例も報告されています。

　子どもがきちんと理解できるように「英語を英語で教える」ためには、非常に高いレベルの技術と配慮が必要です。英語が専門の中学校や高校の先生でも、すべて英語で行っているわけではありません。

　なかには、子どもの理解度を気にしない、教師の「ひとりよがり」の授業を見かけることもあります。英語に自信があると、「英語を話せる自分に酔ってしまう」傾向もあるのかもしれません。

　意味がわからなくても、友達がやることをまねしていれば、同じように活動はできます。しかし、それを続けていても「本当に聞き取れた、英語がわかった」という体験を重ねていけるとは思えません。

　一部の子どもが先生の通訳をするような授業よりも、みんなが一緒に理解して前

に進めるような発話や提示の方法を考え、工夫するほうがいいはずです。先生が英語を使おうとすることは大切なことですが、わからない子どもを置いてけぼりにしない授業でありたいものです。

こうしてみませんか

「英語を使う」場合には、「意味がわかるような手立てを行い、理解できる英語をたくさん聞かせる」ことが基本となります。

また、日本語を上手に活用することも大切です。「先生が一度日本語を使用すると、児童は英語を聞かなくなる」ということも聞きますが、これも日本語の使い方次第と言えるでしょう。

英語を聞かせる前に「今から、先生が大好きな食べ物を、英語でみんなに伝えます。よく聞いてみてね」とヒントを与えるなど、集中力を高め、聞きたくなるような工夫をすれば、子どもはちゃんと英語を聞き、内容を理解しようとするはずです。漠然とただ聞かせるのではなく、目的を持って聞かせることが大切です。慣れてくれば、日本語での説明やジェスチャーもいらなくなってくるでしょう。

また、複雑な活動を英語だけで説明しようとすると時間がかかります。日本語で簡単に説明したり、子どもがよく知っているルールでできる活動にしたりすれば、進行もスムーズです。活動において、たっぷりと英語を聞く、話す活動を行うようにすることが目的です。授業を全部英語で進めることにこだわりすぎると、簡単すぎる、あるいは幼稚で単純な活動しかできなくなってしまい、学ぶ意欲さえ失わせてしまうこともあります。

関連ページ ⇒ p. 26、p. 62、p. 225

ここがポイント

- ♛ すべてを英語で進める必要はありません。大事なのは、子どもが英語を理解できること、使いたくなることです。
- ♛ 日本語を効果的に使い、英語を聞きたくなる工夫をしましょう。

One Point Seminar

英語のシャワーは効果あり？

シャワーのように流れ落ちるだけ

　「英語をシャワーのように浴びさせることが大切」と、ALTの先生が英語を聞かせ続けるような授業があります。知らない単語が多く、子どもにとってどう考えても難しい内容であるのに「ひとことでも聞きとれればいいよ」と言うのです。このような活動で本当に「英語がわかるようになる」のでしょうか。

　私たちが、習った経験のない外国語（たとえばアラビア語でも、タイ語でも）のビデオやCDを使って試してみれば明らかなことですが、常識で考えてもわかるはずです。大人でも子どもでも、わからない内容をいくら聞いたところで、いつまでたってもわからないままです。

　理解できない言語をいくらシャワーのように聞いたとしても、その言語の習得は起こりません。シャワーのように流れ落ちるだけです。

言語習得に必要な「質」と「量」

　外国語の習得には、「質」と「量」の両方が必要であり、使えるようになるためには、「意味のわかるやりとり、コミュニケーションの経験を積み重ねていくこと」が不可欠になります。

　「英語のシャワーを聞き続けたら、ある日突然わかるようになった」というのは、英語についてある程度の知識があり、かつ勉強を継続している大人たちの経験です。英語が使われている環境に長時間身を置いたり、意識的に語彙を増やしたりするなどの努力をした結果、「聞き取れる語彙が増えた、知っている表現が聞き取れた」という経験が増え、感じられる印象であると説明できます。

「簡単だ、わかった」という体験を大切に

　「子どもには推測力がある」といいますが、常識で考えれば、大人より知識や経験の少ない子どもに推測できる範囲は限られています。「なんとなくわかることが

大切」「聞き続けることが大切」と言われると、もっともらしく聞こえます。でも、「なんとなくわかった」というのは、裏を返せば「よくわからなかった」ということです。それよりも、子どもがすでに知っている単語やフレーズをできるだけ使い、わかる内容をたくさん聞かせてあげて「簡単だ、わかった」という経験をたくさんさせることが大切です。

　「意味のある英語のシャワー＝意味のわかる大量のインプット」を与えたいのなら、全員が理解できるように、子どもが知っている単語や表現、日本語の知識を使うこと、絵やジェスチャー、実物などを見せながら発話するなど、目で見て理解できる教材の準備と指導の工夫も必要です。理解を確かめながら日本語も上手に使い、聞く必要のある状況、聞きたいと思わせる場面づくりを行い、興味を失わせることなく進める必要があります。

　例えば、先生が絵の中の動物を指さしながらゆっくり"This is a tiger."と発話します。子どもたちには、その一部（動物の名前：tiger）だけをまねさせて声に出させてみたり、先生がわざと間違えて"This is a lion."と発話し、子どもたちに"No!"と言わせたりします。このように、子どもたちが、聞きながら自然にまねて声を出したくなるような内容、手立てをとることがポイントです。

関連ページ　⇒　p.24、p.156

3 ハイテンションになる理由は？
静かであってもいい授業はできる

"Hello, everyone!!" 前の時間とはまるで別人のように、大きなジェスチャー、満面の笑顔、大きな声で外国語活動に入る先生。ALTとのコミュニケーションも、身振りを使ってまるで外国人のよう。「子どもたちに英語を好きになってもらいたい」、そんな一生懸命な先生の姿はほほえましくもありますが、どこか痛々しい気もします。そこまでする必要があるのでしょうか。

考えて みましょう

「英語の雰囲気づくりのために」と、宴会用の金髪のカツラや高い鼻をつけて登場する先生を見たことがあります。「英語になると、私、人格が変わるんです」という先生もなかにはいるようです。しかし、外国語活動の時間だけ、先生が別人になる必要はあるのでしょうか。

子どもたちが、外国語活動の時間だけ大声で話したり、跳んだりはねたりすることがおかしいのと同じように、指導者も別人のようなハイテンションで授業をする必要はありません。

外国語活動も他教科も同じです。リラックスした発話しやすい雰囲気をつくることは必要でしょうが、コミュニケーションの時間として考えれば、不必要なほどの「乗り」で授業を行うべきではありません。

こうして みませんか

外国語活動だからと、心を開放的にする必要性を感じているのは先生だけかもしれません。英語を話すことへの恥ずかしさ、自信を持てないことが、無理にテンションを上げる要因になっているのかもしれません。「一杯ひっかけてからじゃないと外国語活動の指導は無理だ」という冗談を言っていた先生もいましたが、外国語活動の時だ

1 「ことばの教育」であるために

け妙に陽気になるというのはおかしな話です。ふだんと同じ先生の雰囲気のままでよいのです。

　先生がいつもしかめ面であっては困りますが、子どもにとって楽しい授業とは、ただ陽気でにぎやかな授業ではなく、興味・関心を持って取り組める授業、達成感を感じられる授業のはずです。どの授業であっても、同じように「ことば」の教育としてふさわしい指導方法や内容を選択することが望まれます。

　私が知っているある小学校の先生は、外国語活動でもふだん通りの落ち着いた雰囲気で授業を行います。一見静かであっても、子どもたちは先生の話にしっかり耳を傾け、真剣に授業に取り組んでいます。

　ALTに対して、「常に元気で明るくハイテンションであること」を求める傾向もあるようです。これも「英語（外国語活動）は、楽しく明るくにぎやかでなくてはいけない」という思い込みのためでしょうか。「今度のALTは乗りが悪い」「○○さんはアメリカ人なのに暗い」などの発言は、偏見に満ちたものであることがわかると思います。先生が自分の持ち味や個性を大切にすると同時に、ALTの方の個性も大切に考えるべきだと思います。

関連ページ ⇒ p. 48、p. 70

ここがポイント

- 👑 明るい雰囲気で授業を行うことは良いことですが、不自然なテンションは不要です。
- 👑 他教科も外国語活動も同じです。ふだんの先生のまま、先生の個性を生かした授業を行いましょう。

# 「大きな声」はいつも必要ですか
気持ちを伝えるために大切なことは

好きな動物を聞き合うインタビュー活動でのこと。"Do you like dogs?" "Yes, I do./ No, I don't." という表現を繰り返し練習した後、子どもたちはワークシートを片手にインタビューを始めました。

途中、先生が「もっと大きな声で」と指示を出しました。それまでも十分騒がしかったのですが、子どもたちの声はさらに大きくなりました。周囲がうるさくなると活動に集中できなくなる子どもが増えるのは当然です。英語の活動のはずが、いつのまにか日本語でおしゃべりを始めたりふざけ合ったりと、教室は騒然となってしまいました。

また、大声で発話するため、内容を伝えるために必要となる、適切なイントネーションがくずれてしまっています。黒板には Big Voice, Big Smile, Eye Contact という掲示。目の前にいる友達に、どなるように大声で質問する必要があるのでしょうか。

考えてみましょう

国語の時間、大切にしていることは何でしょうか。相手に届く声の大きさで、表情豊かに伝え合う、響き合う活動をめざすはずです。外国語活動も、同じ「ことば」の指導です。意思をはっきりと伝えることは必要ですが、必要以上に「どなる」「大声を出す」ことを習慣づけるようなことは望ましくありません。繰り返し発話する練習やインタビューも、大声で行う必要はありません。場面によっては大きな声を出す必要もあるかもしれませんが、いつも「大きな声で！」という指導は必要ないはずです。

共同（協働）*学習を大切に考え教育実践をしているある学校の合言葉に、Talk softly. があります。「ことばとしての指導」と考え、相手の気持ちになってことばを使う、状況に応じて声の大きさや言い方をコントロールすることも、外国語活動でぜひ取り

*p. 128 参照。

1 「ことばの教育」であるために

入れたい内容です。

|こうして
みませんか| 自分の気持ちを上手に伝えるためには、声のトーン、顔の表情やジェスチャーなどが重要になってきます。Big Voice ではなく、相手の気持ちになってみる、その場の状況に応じて声の調子を変えてみるなどの指導をしてみましょう。目標とする表現に慣れてき|

たら、発話させるときに「誰に向かって」「どんな状況で」「どんな気持ちで」話しているのかという状況を与えるようにします。

　すると児童は、与えられた条件を考えて、気持ちを伝えるために「ささやき声」や「怒った口調」「優しい口調」などを工夫するようになります。当然、ジェスチャー、顔の表情にも工夫が表れます。このように、ことばをことばとして使いながら、楽しみながら何度も言ったり、聞いたりするドリル活動の工夫をすることが望まれます。

　次の「なりきりオーディション」のような活動をぜひ取り入れてみてください。この活動を教員研修で行ったとき、「そうか、国語と同じだ」とおっしゃった先生がいました。外国語活動を、「単語やフレーズを覚えるだけの勉強」と思い込んでいたのかもしれません。「ことば」として考えれば、たったひとことでもいろいろな活動ができることに気づくはずです。心を込めた発話を重ねて、ことばは自分のものになっていくのです。

〈アクティビティ例〉●なりきりオーディション (p. 32)

関連ページ　⇒　p. 50、p. 122

ここがポイント

- 「アクティブな授業」とは「騒がしい授業」ではありません。
- 「大きな声」より、場に応じた適切な声で、しっかり伝えることを大切にしましょう。

ACTIVITY

● なりきりオーディション

ねらい： ・ジェスチャーなども交え、状況に応じた表現方法を工夫する
・英語表現に慣れる

　以下のようにいろいろな場面を設定し、表現させる活動です。子どもたちは上手に感情移入をして、声のトーンを変えたり、話すスピードを変えたりしながら、その人物になりきってことばを発します。いつの間にか表情豊かに、ジェスチャーもうまく使うようになります。

　まずは、子どもたち自身でどんな言い方になるかを考えてもらいます。次にALTの方にモデルを示してもらうと、子どもたちはその特徴をしっかり聞いて表現しようとするはずです。先生がいずれかを発話して何番だったかを当てさせたり、同じことをグループで順番にやってみてもよいでしょう。"No. 1, please." など、指定して言ってもらう形にもできます。

(1) Rain!（雨）

1) 「明日は運動会。走るのがいやだから中止になればいいな、と思っていたら、雨が降ってきた!」というときの "Rain!"
2) 「明日は遠足。楽しみにしていたのに、雨が降ってきちゃった……」というときの "Rain..."
3) 部屋でTVを見ていたら、「雨が降ってきた！　洗濯物が濡れちゃうよ！家の誰かに教えなきゃ！」というときの "Rain!"

(2) See you tomorrow.（また明日ね）

1）川の反対側を自転車で走っていく先生に。
2）うるさくならないように、そっと。
3）一緒に遊んだ友達に、明日も遊ぼうねという気持ちを込めて。

(3) Wake up.（起きて）

1）Wake up, Mom. 仕事で疲れてうたた寝をしている母親をそっと起こす。
2）Wake up, Ken. サッカーの練習に遅れそうな弟を起こす。
3）Wake up, Dad. 約束したのに日曜日にどこにも連れて行ってくれない父親を起こす。

※ 3）の場合は、いらいらした様子、あきらめ口調、泣きそうな調子と、いろいろバリエーションが出てきます。

ACTIVITY

(4) Where do you want to go? (どこに行きたいの?)

1) 道に迷っているおばあさんに優しく聞く。
2) 今度の日曜日に行く場所を友達と相談する。
3) どこに行きたいかはっきりしない人にちょっといらいらしながら聞く。

関連ページ ⇒ p. 86、p. 154

(5) I'm sorry. (ごめんなさい)

1) 心から「ごめんなさい」という気持ちで。
2) 本当は納得していないが、しかたないので一応あやまる。
3) 知らずに足を踏んでしまっていた人にあわてて……。

(6) Do you like natto? (納豆は好き?)

1) Yes, I do.　　　とっても大好き。
2) Yes, I do.　　　まあまあ、嫌いではない。
3) No, I don't.　　好きではない。
4) No, I don't.　　大嫌い。

● テレパシーゲーム

ねらい：・声の調子だけで、相手に伝える工夫をする
　　　　・英語表現に慣れる

「なりきりオーディション」の活動をしばらく行った後に行う活動です。

【進め方】
① ひとりの子どもに教室の端に立ってもらいます。
② 先生からの問いかけ（例えば）"Do you like Natto?" に対して、その子が、クラス全員の背中に向かって自分の答えを言います。
③ 他の子どもたちは、その子が左ページ下の1）から4）のどの気持ちで言ったのかを当てます。

※ 同様にして、ペアになり、ひとりが相手に背中を向けて行うこともできます。相手の声のトーンだけから気持ちを判断しなければなりませんから、一生懸命聞く活動になります。伝えるほうも一生懸命です。

※ このような活動は、日本語でも英語でも、ちょっとした声の調子の変化で、気持ちの伝わり方が変わることを体験できる活動になります。そこで、「ふだんからよく耳を澄ませて、話を聞くことが大切だ」ということも伝えられます。また、日本語でも、相手の立場になった聞き方や話し方をすることの大切さ、あるいは抑揚をつけて気持ちが伝わるように話すことの大切さを振り返ることもできるのです。

関連ページ ⇒ p.214

⭐5 先生は「コミュニケーションのお手本」に
「ペラペラ」よりも「丁寧」がいい

　研究発表の授業でのことです。担任の先生は流暢な英語で授業を進めています。前日までに、きっとたくさん練習をしたのでしょう。ところが、スピードが速すぎて、児童からは「わかんない」というつぶやきが聞こえてきました。

　ALTに指示を出すときも、顔を見ることもなく、"Steve, repeat it again."と、そんなつもりはないのでしょうが、とてもぶっきらぼうに聞こえる言い方になってしまっています。

　授業の最後にALTにお礼を言うときもやはり同じです。英語はすらすらとスムーズなのですが、気持ちのこもらない言い方で終わってしまいました。

考えてみましょう

　「英語を教えるために小学校の先生になったわけではない」「そんな話は（教員になるときは）聞いていない」と、今もかたくなに外国語活動を拒否する先生もいらっしゃるようです。一方、英語の専門ではない小学校の先生が、外国語活動のために英語を練習し、準備をすることは素晴らしいことだと思います。

　でも、先生が「すらすらと英語のお手本を示す」ことが大切かというと、そうではありません。「すらすら、ペラペラ」は一見カッコよく見えるかもしれませんが、わからない内容であれば子どもを不安にさせますし、もっと大切なことがあるはずです。

　先生は「コミュニケーションのお手本」である必要があるのです。ペラペラ話すことが「かっこいい」姿なのではなく、外国人とのコミュニケーションを丁寧に持とうとする姿が「かっこいい」のです。「ペラペラ」に対するあこがれは必要ありません。

1　「ことばの教育」であるために

> **こうして みませんか**

　ALTに指示を出すとき、どんな態度をとっていますか。まずは、相手の名前を呼びかけ、アイコンタクトをとってから丁寧に指示を出す姿を子どもに見せることが、コミュニケーションとしての基本です。「英語のモデル」ではなく、「コミュニケーションのモデル」としてふさわしい姿を意識することが大切です。先生からALTへの投げかけ、その会話、態度そのものがコミュニケーションのモデルとなることを意識し、ALTとの協力関係を深めるような態度で臨んでほしいと思います。

　話を聞くときも、相手の発話にしっかりと耳を傾けて反応し、ゆっくり、はっきりと話すことを心がけてください。わからないことがあればもう一度言ってもらいましょう。"Excuse me. Say it again, please."このように問い直すことは恥ずかしいことではなく、相手を理解しようとする姿勢の表れです。わかったふりをするほうがよほど失礼です。先生自身がコミュニケーションを大切にすることが、子どもたちにも「大切なこと」を伝えていくことになるのです。

関連ページ　⇒　p. 38、p. 46、p. 62、p. 79

> **ここが ポイント**
>
> 👑 先生は「英語のお手本」をめざす必要はありません。「コミュニケーションのお手本」であってください。
>
> 👑 かっこよく見せることよりも、丁寧なコミュニケーションのほうがずっと大切です。

6 早い、うまい、でも……？
言いっぱなし、聞きっぱなしになっていますよ

　自己紹介の活動です。子どもたちが8人くらい輪になって立ちます。"My name is Aya. I like bananas."と、隣の人に名前を英語で伝え、好きな果物を言います。言い終えたら、隣の人に"What's your name?"と聞きます。聞かれた児童は、なぜか次の人の方を向いて自分の名前を伝え、同様に続けます。グループ対抗で早さを競うため、子どもたちはなるべく早く発話を終わらせようとします。あせりすぎて、"My name is pineapple!"と叫んでいた子どももいました。

|考えて
みましょう| 　「爆弾ゲーム」というのを見たことがあります。輪になって座り、爆弾を模したおもちゃやボールを隣の人にリレーしていきながら、"What's your name?" "My name is..." などやりとりをしていく|

ものです。タイムリミットが来てアラームが鳴り「爆発」したときに持っていた子どもが負けです。何も悪いことをしていないのに「爆弾を回されて負ける（死ぬ）」という発想に、これが授業で行うべき活動なのか、まず疑問を感じます。
　このようなゲームを含め、先生の質問にできるだけ早く答えるとか、列やグループで競争するような活動がたくさんあります。確かに英語を使った内容で、一見楽しく活動的に見えます。しかし、ほとんどの場合、素早く言おうとしていいかげんな言い方になり、英語のイントネーションにも注意を払っていません。聞き取れなくても聞き直す子どももいませんし、友達の答えに反応している子どももいません。言いっぱなし、聞きっぱなしで、互いの発話の内容に興味を持つこともなさそうです。相手の顔さえ

1 「ことばの教育」であるために

見ていません。

「早さを競う」「時間内にたくさんの人とやりとりをする」活動では同様なことが起こります。いずれも「コミュニケーション」とはほど遠いものになっています。私はこのような活動を「早い、うまい、でもひどい」と呼んでいます。

国語の授業だったら「素早く答える」ような活動は行わないのではないでしょうか。じっくり考え、丁寧に答えるような指導をしているはずです。練習は必要ですが、「言いっぱなし、聞きっぱなし」の活動では身につきませんし、コミュニケーションとは呼べません。「しっかり聞き」「しっかり言う」活動にしたいものです。大人になるまでに、その場で自然に答えられるスピードも身につけていけばよいはずです。

> **こうして みませんか**
>
> 「ことば」として使用させるためには、先生が「ことばとしての教育」を意識していなければなりません。同じ表現を扱った活動でも、意味のあるコミュニケーションにできないか考えてみましょう。相手の話を聞かなければ、次に進めないような工夫もするとよいでしょう。

「早く言えること」「たくさんの人とやりとりすること」よりも「気持ちよく関わること」「きちんと伝えること」「友達について新しい発見をすること」などの内容を評価していくことで、子どもたちにコミュニケーションにおいて大切なことを伝えていくことも重要です。

〈アクティビティ例〉●インタビューリレーゲーム（p. 40）

関連ページ ⇒ 4〜6章、p. 186

ここがポイント

- 👑 「早さ」「やりとりの多さ」「盛り上がり」を優先すると、コミュニケーションはおざなりになります。
- 👑 「ことば」として使用させるためには、何を評価するのかも一緒に考える必要があります。

ACTIVITY

● インタビューリレーゲーム

ねらい：・友達の話をよく聞き、伝わるように発話する
　　　　・よりよいコミュニケーションの方法を考える
　　　　・英語表現に慣れる

【進め方】

① 児童をいくつかのグループに分け、輪にします。グループの誰かにマイクを渡し、インタビューしていくという活動にします。お互いに名前は知っているので、「好きなマンガのキャラクター」になることにします。

② 自分の名前を紹介しながら、"My name is Doraemon. What's your name, please?/ Your name, please." と言いながらマイクを次の人に渡します。

③ 次の人は "Thank you, ○○○." と、相手の名前を言いながらマイクを受け取り、自己紹介をします。グループ全員にマイクが渡って全員が自己紹介できたら終了です。競争にはしません。

④ グループごとに、誰の言い方が一番良かったか、また、誰の答えが一番意外だったかなどを発表します（事前に何を発表するかも伝えておきます）。

※ このように、コミュニケーションとしてきちんと成り立つような形にすること、また、誰の言い方や表現が良かったかなど、後で子どもたちどうしに評価させるふりかえりの時間を持つことも大切です。

※ 友達どうしであれば、名前は新しい情報として聞く意味がないので、上記のほか「今日は好きなスポーツ選手」など、誰かになりきって行うような活動にすると聞く必然性も生まれてきます。

1 「ことばの教育」であるために

ことばのやりとりを競争にさせるとおざなりなコミュニケーションに……。

「きちんと聞く」「きちんと伝える」という、コミュニケーションとしてふさわしい活動になるように考えましょう。

※ 以下のような工夫も大切です。
◎ 列ではなく、輪になる。隣の人にではなくアトランダムに指名する。
　　⇒向かい合うことにより、自然なコミュニケーションになる。
　　順番を決めないほうが、「次は私?」と、聞く態度が生まれる。
◎ Excuse me./ Thank you./ You're welcome./ Bye./ See you. などの表現も適宜取り入れる。
　　⇒ロールプレイを相手への配慮・関心を育てる活動として考え、人とふれあうときに求められる態度やマナーなどの視点も指導に含める。
◎ 誰の言い方や表現が良かったかを評価し合う活動にする。
　　⇒コミュニケーションの工夫が生まれる。
◎ 誰がどんな答えだったか(発話の中身)を確認する活動を加える。
　　⇒聞く必要性が生まれるとともに、友達に受け止めてもらう体験になる。
　　　　　関連ページ　⇒　p. 42、p. 92、p. 120、p. 122、p. 146

7 自分の名前も相手の名前も大切に
自己紹介はゆっくり、はっきり

　ある研究発表会のことです。時間の最後に、参観している先生たちとの自己紹介を行わせる活動がありました。私のところにもひとりの男の子が走ってきて乱暴にこう聞いてきました。"What's your name!?"
　「犯罪者か何かじゃないんだから、そんな言い方しなくても」と思いつつも、ちゃんと答え、私はその子の名前を聞きました。"What is your name, plea...?" "Takashi ○○！"
　彼は、私の発話が終わるか終わらないかのうちに自分の名前を答え、脱兎のごとく走って行きました。授業後、彼をつかまえてたずねてみました。「私の名前覚えてる？　タカシくん」。予想どおり彼は答えられませんでした。

考えてみましょう

　この活動が「相手とのコミュニケーションを大切にした活動」ではなく、「発話するだけ」で終わってしまったのはたいへん残念でした。もし先生が、活動の前にあいさつの大切さ、相手の名前を覚えることの大切さについて話していたらどうでしょうか。「後ろにいる先生たちとしっかり自己紹介して、後で先生に、会った人の名前を教えてね」というひとことがあれば、この子も、少なくとも私との会話を大切にしてくれたのではないかと思いました。最も残念なのは、自分の名前も相手の名前も大切にしていないところです。
　フィンランドに行ったとき、「My name is アンナ・カイザ・ムスタ・パールタ」と、教育相の先生が、とてもゆっくりはっきりと、自分の名前を２度発音してくれました。外国の方の名前は一度聞いただけで覚えられるものではありません。逆に考えると、私たちが名前を英語で伝えるときには、ゆっくり、はっきりと言うことが望ましいはずです。相手に応じて伝える工夫をするのがコミュニケーションの基本です。名前をゆっくり、

1 「ことばの教育」であるために

はっきり発話するように指導している学校は、コミュニケーションを大切にしている学校だと思います。

> **こうしてみませんか**
>
> 自分の名前、相手の名前を大切にする指導をしたいものです。以下に、何通りかのお手本を見せながら、どんな自己紹介がいいか考えさせる活動例を紹介します。

① 子どもたちに見せるために、複数の外国人の方による英語での自己紹介を、ビデオに録画します。その際、それぞれの人の自己紹介を、(A) ふつうより少し早目のスピード、(B) ふつう、(C) ゆっくりの3つのバージョンで録画しておくようにします。

※ ALTの方に何通りかの自己紹介をしてもらってもよいでしょう。

② 少し早目のスピードのものを見せます。子どもたちに、その人の名前が何だったか、質問して答えてもらった後で、自己紹介のポイントを考えていきます。次にふつうバージョンを見せて、わかりやすさを比べさせます。初対面の人には、自分の名前をゆっくりはっきりと伝えることが大切であるということに気づかせます。

③ お手本として、ゆっくりバージョンのビデオを見せます。また、その後で「最高の自己紹介」を行うことを告げ、握手の仕方やアイコンタクト、顔の表情などにも注意をうながしましょう。

④ 「最高の自己紹介をしよう」をテーマに練習を行います。

⑤ 誰のあいさつが一番良かったかをみんなでふりかえり、どこが良かったかを考えさせます。

関連ページ　⇒　p. 44、p. 45、p. 46、p. 178

> **ここがポイント**
>
> 👑 相手の立場に立って、ゆっくりはっきり伝える指導をしましょう。
>
> 👑 保護者がつけてくれた自分の名前とともに、相手の名前も大切にするような指導をしましょう。

REPORT 現場の取り組みから [1]

授業のスタートは Silent Greeting で
顔の表情やジェスチャーだけで、最高のあいさつを

遠藤恵利子（仙台市立向山(むかいやま)小学校）

　私の外国語活動の授業は、毎時間「ことばを使わないあいさつ」でスタートします。きっかけは 10 年前、英語活動を始めた頃のことです。当時の ALT の方と「コミュニケーションって何だろう。どんな授業がいいんだろう」と話し合いを重ねる中で、「ことばがなくても心が通じ合う、その瞬間の楽しさやうれしさ」を感じさせられるのでは、と出てきたアイディアです。

　やってみたら誰より子どもたち自身が、このあいさつに楽しさを見出してくれました。以来、ずっと続けています。子どもたちは何度やっても飽きることなく、それぞれが顔の表情をつくって目と目を合わせてにっこりし、あたたかい握手をしながら、ことばがなくても相手と気持ちを通じ合わせています。このあいさつで、みんなが笑顔になり、心がほぐれ、気持ちのよい授業のスタートが切れます。これまでの ALT の方も気に入って、他学年や他校でも広めてくれているようです。「人と関わり合う時間」であり「コミュニケーションの時間」である外国語活動にふさわしいスタートだと思っています。

【進め方】

① ALT と有志の子どもがみんなの前でお手本を示します。

② 担任が "Let's greet!" と言うと、何人とあいさつするか、子どもたちがみんなで "How many people?" とたずねます。お手本を示した子どもが "One/Two/Three." などと人数を指定し（多くても4～5名とします）、みんなでペアをつくりながら、指定された人数とことばを使わずにあいさつ（Silent Greeting）を交わします。終わったら着席です。

③ この後に、Second Greeting として、ことばを使ったあいさつも行います。"Hello, how are you?" " I'm sleepy." など自由に行いますが、「好きなものを伝えよう」「好きな教科を加えてあいさつしよう」など、既習事項を加え、あいさつに復習の要素を含めることもあります。

何も言わなくても「仲良くしようね」と気持ちが通じ合う瞬間

p. 79、p. 140もあわせてお読みください。

One Point Seminar

What's your name? も言い方次第

　英語圏では、"What's your name?"というフレーズ自体、警察官による職務質問くらいにしか使われていないようです。年上あるいは立場の上の人間から、年少者や子どもに対しての質問の仕方と考えてよいでしょう。

　"May I have your name?"あるいは"Your name, please."せめて"What's your name, please?"などにしたいものです。

　活動においては、コミュニケーションのマナーとして、「自分の名前を紹介してから相手の名前を聞くこと」や、「相手の名前を聞いたら、次のセリフでは相手の名前をまず呼ぶようにすること」も取り入れるようにしましょう。

関連ページ　⇒　p. 40、p. 42

英語名は必要ですか

　外国語活動において、児童に英語名をつけて呼び合う学校もあるようです。「英語の雰囲気」をつくることが目的なのでしょうか。子どもたちがそれを望んでいるのならよいかもしれませんが、ふだん、学校で「自分の名前を大切にしましょう」と指導していることと、英語名を持たせて呼ぶことには矛盾があるようにも思えます。実際に外国の方と会ったとき、紹介するのは自分の本当の名前のはずです。自己紹介の練習として使うぶんにはよいでしょうが、その名前をずっと使う必要はあるのでしょうか。

　保護者が願いや想いを込めてつけてくれた大切な名前です。自分の名前に誇りを持ち、互いの名前を大切にする外国語活動でありたいと思います。

関連ページ　⇒　p. 42

8 素敵なあいさつ、してみませんか
子どもの声に反応してあげよう

　授業初めのあいさつの場面です。先生が一人ひとりに"How are you?"と問いかけます。子どもたちは習った表現を使って、"I'm fine."だけでなく、"I'm sleepy./ I'm tired./ I'm hungry./ I'm happy./ I'm sad./ I'm hot."など、自分の気持ちや体調を答えていきます。

　あいさつは、シンプルに"Hello, class."だけでもよいと私は思いますが、子どもたちがジェスチャーをつけたり、声のトーンを変えて伝えようとしたりと、一生懸命表現している点は評価されるべきでしょう。

　このようなあいさつや授業全体を見ていて気になることがあります。それは、児童の返答に対して先生のリアクションがあまり見られないことです。

　先生は子どもの答えを聞いても無言のまま、次の子どもに"How are you?"と質問を続けていきます。一生懸命に答えたのに先生からの反応はありません。

考えてみましょう

　コミュニケーションの力を育てるはずの授業ですが、これではスタートからコミュニケーションではなくなってしまっています。問題は、教師の意識があいさつの重要性に置かれていないことです。あいさつを行うことよりも、子どもがいろいろなフレーズや単語を発話すること、すぐ答えさせることが目的になってしまっているのだと考えられます。

　コミュニケーションの基本は「しっかり相手を受け止める」こと。授業のスタートにふさわしい素敵なあいさつでありたいものです。

1 「ことばの教育」であるために

こうして みませんか

子どもの発話に応えてあげてください。「英語でどうリアクションしたらいいのか……」という先生もいるかもしれませんが、"I'm sleepy."と言ったなら"Oh, you are sleepy./ Sleepy?"とひとこと返してあげるだけでOKです。続けて日本語で「〇〇さん、どうしたの」でかまいません。しっかりと子どもの顔を見て応えてあげてください。これはあいさつに限らないことです。

一斉にあいさつをするような場合でも、何人かの子どもの発話をひろって応えるようにしてみてください。「先生は自分たちの声をちゃんと聞いてくれている」と気づくはずです。

「相手の目を見てうなずきながら、最後まで耳を傾けるようにしましょう」と子どもたちに指導する前に、先生自身が相手に耳を傾けるコミュニケーションを実践して見せるようにしましょう。

関連ページ ⇒ p. 36、p. 42

ここがポイント

- 👑 リアクションも大切なコミュニケーションです。子どもの発話を受け止め、ひとこと返してあげましょう。
- 👑 先生がちゃんと聞いてくれるからこそ、子どもは答えたくなるのです。

⑨ 「お祭り授業」を卒業しよう
よく聞いて、じっくり取り組む時間も大切です

外国語活動には「明るく楽しい雰囲気がなければならない」という先入観があるようです。お決まりのように行われるプレイルームや体育館での研究発表会は、いすに座り机に向かう活動などが「あるべき姿ではない」と否定する思い込みの証のようにも思えます。児童全員が大きな声を出しながら教室中を跳び回り、笑顔で授業を終わらせることができれば「良い授業であった」と評価される傾向があるのかもしれません。しかしそのような授業を冷静に分析してみると、大切なことを見逃しているのではと思うことがあります。

考えてみましょう

公立小学校に英語活動が入ってきた当時、多くの研究開発校が「児童英語教室の指導者」「ネイティブ・スピーカーによる指導」「私立小学校の英語教師」の実践に助けを求めました。結果として、目につきやすい「すべてを英語で教える」「ネイティブの先生が楽しく歌や踊り、ゲームで盛り上げる」「英語圏の歌や手遊び、教材や絵本を使って教える」といった指導法や教材が広まったように思います。

そして、一見、活発で楽しい授業に見えるからでしょうか、教室から机やいすを取り払い、リズムに合わせて歌ったり踊ったりする授業、子どもたちが動き回り、大きな声で英語をしゃべるという授業が、典型的な公開授業の形となり、それがあるべき姿として広まってしまったように思います。いわゆる「お祭り授業」です。

しかし大切なのは、その授業でどんな力がついているのか、それぞれの活動がどのような目的で仕組まれているかです。高学年において、幼稚な歌や踊り、わーっと盛り上がるゲーム中心の授業を行うのは無理があるでしょう。たくさん英語を話していて活動的に見えても、よく聞いてみるといいかげんなコミュニケーションになっていることもあります。

1 「ことばの教育」であるために

> **こうして　みませんか**

「活発な授業」と「子どもが大きな声を出して動き回る授業」はイコールではありません。他教科で考えればわかるように、にぎやかで活動中に大きな声が出ていなくても、児童が積極的に取り組んでいたり、よく考えていたりする授業はあるはずです。「子どもがいっぱい英語を話しているからそれだけで活動的でよい授業」というわけではないのです。

発話させる授業がとても多いのに比べて、「聞く活動」の工夫は不十分のようです。しかし、発話の準備段階として欠かせないのが、十分なリスニング活動（インプット）です。1回や2回聞かせて、「さあ、練習しましょう」と急がせるのではなく、繰り返しさまざまな形で「聞く機会」をつくる必要があります。リスニングの活動は、一見静かで受け身に見えますが、頭の中でしっかり考え、積極的に取り組ませることが可能な活動なのです。

例えばワークシートのイラストを見ながら、聞こえてきた内容に丸をつけるなど、「よく聞き、考えること」が必要な教材を準備すれば、真剣なまなざしで活動に取り組む様子に出会うことができます。最初はみんなで、慣れてきたらひとりで、あるいはペアやグループで協力して取り組む形もできます。このように、「話す」だけでなく「さまざまな聞く活動」の工夫が望まれます。

関連ページ　⇒　p. 28、p. 50、4〜5章、p. 128

> **ここがポイント**
> ♛ 楽しくしゃべる、盛り上がる授業だから、いい授業というわけではありません。
> ♛ じっくり聞いて考える活動を取り入れてみましょう。

One Point Seminar

「大きな声」より「心の元気」

　日本の学校では、子どもたちの元気で大きな声が「健康な子どもの証拠」のように思われることが多いようです。しかし、「大きな声」を出すことが「ことばの教育」ではありません。本当に大切なのは「心の元気」です。

　「心の元気な子」は、注目を浴びるために奇抜な行動をとったり、先生の揚げ足をとったりすることはありません。静かにしていても、しっかりと聞き、自分で考えて適切な反応をすることができます。子どもたちが相手にことばをぶつけるような、コミュニケーションを大切にしない授業になっていないか、先生はふりかえることが必要です。

　クラスには、発話するのが得意な児童がいます。そのような子どもは、常に先生のことばに反応し、望んだ答えを出してくれることも多く、ありがたいタイプと言えます。一方で、全然聞いていないような顔をしながら、しっかりと先生の話を聞いている児童もいます。また、ふだんからおとなしく、大きな声で活動することはなくても、しっかりと考え、小さな声であっても、興味・関心を持って活動に参加し、一生懸命発話しようとする子どもたちもいます。

　すべての子どもが大きな声で活動に参加し、活発に話すということだけに大きな価値があるとは思えません。心が元気であることが大切です。成長するにしたがって、徐々に人の前に出て「必要なときに必要なことを伝えること」ができるようになっていけばよいのです。

関連ページ　⇒　p.30

「脳の活性化」で賢くなる?

　「単純計算で脳が活性化する」「音読で脳が活性化」、さらには「大声を出すと脳が活性化する」まで言われ「だから外国語活動では大きな声を出させています」という報告まで見たことがあります。
　しかし「脳が活性化する」とは「脳の特定部分の血流が増える」という事実を示しただけであり、そのことがイコール「脳が鍛えられる」「頭が良くなる」ということではありません。もし「大声を出すのが良い」というのが本当なら、一日中、すべての教科を大声で唱話させればよいということになってしまいそうです。
　「脳ブーム」の火付け役とも言える川島隆太氏自身が、著書『さらば脳ブーム』の中で、「活性化で『脳を鍛える』」という表現について、「グレーではあったが、一般の人向けに単純な表現を使用した」と明かしています。
　「脳科学」を初め、いろいろな科学的な知識が私たちの生活に入ってきて、テレビなどで「こうすると活性化する」「この学習法が脳に良い」と言われるとすぐに飛びついてしまう傾向があります。しかし常識で考えて首をかしげるようなものも多くあります。「聞き流すだけで英語がペラペラに」「○○を食べればすぐにやせられる」なども、その代表選手です。
　それが真実なら、日本人の英語力はとっくの昔に向上し、みんながスリムになっているのではないでしょうか。「手っ取り早く、ほしいものを手に入れたい」という心理は理解できますが、語学の習得であれば、やはり継続的な努力と長い時間が必要です。テレビやCMをうのみにして、すぐに教育の場に取り入れるようなことには慎重であるべきだと考えます。

関連ページ　⇒　p. 12

REFLECTION（ふりかえり・まとめ）

1章 「ことばの教育」であるために

★以下の項目についてどれくらい理解できているか、マーカーで塗ってみましょう。十分に理解できていない項目は読み直しておきましょう。

- 安心できる教室づくりの大切さ

  | 0% | 25% | 50% | 75% | 100% |

- 子どもが理解できる英語を使うことの大切さ

  | 0% | 25% | 50% | 75% | 100% |

- 日本語を上手に活用する必要性

  | 0% | 25% | 50% | 75% | 100% |

- 先生のふだんどおりの個性や持ち味を大切にすること

  | 0% | 25% | 50% | 75% | 100% |

- 場面に応じた適切な声の指導の大切さと活動例

  | 0% | 25% | 50% | 75% | 100% |

- 先生自身がコミュニケーションのお手本となる必要性

  | 0% | 25% | 50% | 75% | 100% |

- 丁寧に、ことばとしてのやりとりをすることの大切さ

  | 0% | 25% | 50% | 75% | 100% |

- 名前を大切に、自己紹介をゆっくり、はっきり行う必要性

  | 0% | 25% | 50% | 75% | 100% |

- 子どもの発話を受け止め返してあげることの意義

  | 0% | 25% | 50% | 75% | 100% |

- じっくり聞き、考える活動の大切さ

  | 0% | 25% | 50% | 75% | 100% |

2章

発音は
とっても難しい

発音、リズム、先生の英語力

・日本人の英語の発音はいまひとつだ。
・ネイティブみたいな発音で話せることは大切だと思う。
・英語のリズムを身につけさせるにはチャンツ*が有効だ。
・子どもはすぐに完璧(べき)な発音になれる。
こんなふうに思っていませんか？

英語の話をすると必ず出てくる「発音がいい」「きれいな発音」という表現。ネイティブ・スピーカー以外の英語の使用者のほうがずっと多い現状で、めざすべき発音とは？　子どもにどう指導するべき？　英語のリズムについても考えます。

*一定のリズムに乗せて、単語やフレーズを言っていく指導や教材。p.154 参照。

10 子どもなら簡単にできること？
発音の指導はほどほどに

　ある小学校で、ALT（外国語指導助手）がひとりの児童に襲いかかるような近い距離で発音指導をしている光景を見たことがあります。その児童は、消しゴムを拾ってくれたALTに「サンキュー」と言ってしまったために、thの発音を矯正されることになってしまったのです。立たされたその児童は、必死の形相で何かを語っている外国人の顔を前に、恐怖におののいていました。

考えてみましょう

　「子どものうちから始めれば発音がよくなる」とよく耳にします。確かに、乳幼児の頃から、日本語と同じくらい英語でコミュニケーションをとる必要がある環境にいれば、日本語にない発音も聞き分けられるようになり、発音もネイティブ・スピーカーに近くなる可能性があります。

　しかし、小学校に入る段階ですでに母語はある程度確立しており、この頃には外国語の発音も、日本語のアクセントの影響を受けるようになります。高学年で、週1時間英語にふれるくらいの環境で、ネイティブのような発音が身につくようなことは期待できません。「子どもはすぐにしゃべれるようになる」というのは、海外に住むなど、日常的に外国語環境にいる子どもたちの話であることがほとんどであり、通常の日本の子どもたちへの英語教育と一緒に論ずるべきではありません。

　「子どもはまねがうまい」とも言いますが、日本語にないrとlの音、thやvの音などを正確に出すためには、口の形や舌の位置、息の出し方など、さまざまなことに注意する必要があります。また、口の中のいろいろな部分を緊張させたり弛緩させたりして音を出しているため、「よく見てまねして」と指導しても、正確にまねるのは至難の業です。

　長い時間をかけて発音の指導をしても、ネイティブのような発音は簡単に身につく

2　発音はとっても難しい

ものではありませんし、子どもにとっては「苦しいトレーニング」になりかねません。

　単調な発音練習や、個々の発音について細かく訂正をして、何度も「違う、もう一度」と繰り返させるような授業では、最も大切にしたい外国語への関心や、「コミュニケーションへの意欲」を損なうことにもなりかねません。

こうして みませんか

　日本人ほど英語の発音を気にする国民はいないと言われます。
　外国語の4技能に「読む」「聞く」「書く」「話す」がありますが、入門期に重視すべきなのは、私たちが日本語を習得した過程からもわかるように、「聞く」「話す」という音声指導です。さらにその中でも最も大切な、英語力の基礎となるのは「聞く」ことの指導です。「聞く」力は、他のすべての力に転化していく*こともわかっています。

　育てるべき力のうち、「発音」は一部でしかありません。それに、発音は、大人になってからでもその気になればある程度までは直すこともできます。小学校での限られた時間を有効活用することを考えると、わかる英語をたくさん聞かせること、また、自分のことを表現させる楽しさを味わわせながら、英語への興味・関心を育てることのほうが効果的です。そのような活動の中で、日本語と外国語（英語）の音声の特徴に気づかせること、よく聞いてまねしようとする姿勢を育てることが大切です。英語と日本語の発音の違いに気づいた子どもは、自身の発音も意識するようになります。

関連ページ　⇒　p. 12、p. 56

ここがポイント

- 👑 発音の指導には、あまり効果を期待できません。
- 👑 活動を通して「英語の音声の特徴」に気づかせるような指導のほうが有効です。

---

* 竹蓋幸生（1997）『英語教育の科学』（アルク）

11 「舌を出して」「舌を噛んで」では伝わらない
上手にまねをさせるコツ

　昔、th の発音の際には「舌を出して」「舌を噛んで」、f や v の発音の際には「唇を噛んで」といった指導がありましたが、正しい指導だったのでしょうか。また、日本語と英語との違いに気づかせ、気持ちが伝わる表現をさせるには、どのようなことに気をつけたらよいでしょうか。

考えてみましょう

　私はもともと英語音声学が専門ですが、子どもたちに英語の発音を指導するのにたいへん苦労した経験があります。よく例に挙がる th の発音の指導で、「舌を前に出して」「舌を噛んで」というのがありますが、子どもにこのような指導をすると、舌を前に出しすぎることが多く、また、舌を強く噛んでしまい痛がる子も出てきました。また、実際に th の発音をするときは、舌先を歯と歯の間にはさむ程度であって、舌を長く前に出したり強く噛んだりというのは行き過ぎと言えます。

　r の発音については「舌を丸めて」と指導すると舌をストローのように丸めた子もいました。また、「先生の口を見て」と言っても、口の中がどうなっているかは子どもたちにはわかりません。多くの子どもを一斉に指導する場合、ことばで説明しても、正確に伝えるのは非常に難しいことがわかります。

こうしてみませんか

　児童には「先生の口をよく見て」と言うよりも「CD（ALT の先生が言うの）をよく聞いてごらん」と言ったほうが、注意深く聞き、上手にまねをするようです。

　また、指導する必要があるのなら、口の筋肉や舌の動きを説明するよりも、「クレヨンしんちゃん」のまねをしながら「さしすせそ」と言ってごらん、と言ってみると、上手に th の音が出るはずです。大人なら、「タレントの山瀬まみさんのよ

うに」と言うとわかりやすいでしょう。また、[p] の音は、「前の人の頭を『ぷっ』と一気に吹き飛ばすつもりで」、[w] の音は「唇を丸めて」、[r] は小さい「う」を前につけて、などと言ってみると、楽しく練習ができ、日本語の発音との違いもはっきりとするはずです。

　日本語では [th] と [s] の区別がありませんが、[s] の音をできるだけ響かせるようにすると、th との違いがわかりやすくなり、外国の方にとっても聞き取りやすくなるようです。英語のニュースなどを注意して聞くと、s の音が非常に響く（hissing sound と言う）ことに気づくでしょう。このような練習方法は先生方にもお勧めしています。

　しかし、通常のコミュニケーションでは、文全体や前後の文脈で意味を判断することがほとんどです。そのため、細かい発音よりも文のストレス（強勢：強調したいところを強く、高く、長く言う）や、表現全体のイントネーション（質問するときは語尾を上げるなどの特徴）などを学ぶことのほうが重要です。

　したがって、個々の発音だけを取り出して繰り返し練習させることにはあまり時間をかけずに、イントネーションや声の調子（tone of voice）など（プロソディ）に注意させながら、状況に合った表現を練習させるようにします。そのほうが、「伝わる表現」に近づきやすいと言えるのです。

関連ページ　⇒　p. 54、p. 60

ここがポイント

♛　「よく見て」よりも「よく聞いてごらん」と言って、注意深く聞かせましょう。

♛　個々の発音の練習よりも、状況に合わせて表現を練習するほうが効果的です。

One Point Seminar

発音を乗り越えるチカラ

「きれいな発音」「正しい発音」はない

　今や英語は、ネイティブ・スピーカー（母語話者）の言語としてだけではなく、「国際（補助）語」としての地位をますます高めています。実際、非母語話者の使用人口のほうがずっと多いのです。私たちにとっても、英語は「ネイティブ・スピーカーと話すためだけの言語」としてだけではなく、非母語話者、特にアジア諸国の人たちとのコミュニケーションの手段として、今後さらに重要な役割を果たすものと考えられます。

　かつて、イギリス英語の正しい発音として考えられていたものにRP（Received Pronunciation）アクセントというものがあります。ところが、この英語の使用者は、現在では数パーセントにすぎず、今ではEstuary Englishという新しい形式に取って代わられているようです。

　さらに、同じ「ネイティブ・スピーカーの英語」であっても、発音やアクセントは、国や地域、個人によって異なります。にもかかわらず、ある特定の発音が「唯一の正しい発音」であるかのように教えられてきたのも事実です。日本では特にネイティブ・スピーカーの発音へのあこがれが強く、彼らの英語を「きれいな発音」とし、日本人の発音を「なまりがある」「汚い発音」と卑下する傾向が強いようです。

　国連では、各国の職員が自分の母語のアクセントを持ちながら、意思伝達の手段として英語や他の言語を用いているそうです。これは、互いの国家と文化を認めている証拠でもあるわけです。国連で活躍された明石康さんや緒方貞子さんの英語も、決してネイティブ・スピーカーと同じではありません。大切なのは発音ではなく話す人の中身です。「ネイティブと同じ発音になりたい」「ペラペラ話せることがカッコいい」というのは、欧米コンプレックスの表れであることが多いのではないでしょうか。

　数年前に京都で電車に乗っていたときのできごとです。ひとりのおばあさんが

乗ってきました。席をゆずったのは外国人の方でした。恐縮するおばあさんにその人は「ツギデオリマスカラ」と言いました。ひと駅すぎましたが、彼は降りません。わざと「次で降りる」と言ったのです。それに気づいたおばあさんは何度も頭を下げてお礼を言いました。そのとき彼が、外国語なまりの日本語で「アタリマエノコトデスカラ」と言いました。

　このとき、彼のなまりのある日本語が、とてもきれいなことばに聞こえたのは私だけではなかったはずです。人の中身はことばに表れます。大切なのは、どんなことを思い、話すかです。なまりがあるとかないとか発音のよしあしで、人格が判断されるようなことがあるべきではないのです。

めざすべきは「通じる発音」

　「世界語としての英語」という見地から、英語の発音の基本的な体系として「リンガ・フランカ・コア」というものを提唱しているJennifer Jenkinsという英国の学者がいます。彼女は、世界において英語が置かれている現状を考慮し、非母語話者が母語話者の発音をマスターすることは非現実的であり、めざすべきは「通じる(intelligible) 発音」でよいと述べています*。

　外国語活動でも、世界で使われている英語の多様性にふれ、それらを尊重することを大切にしたいものです。「母語話者の英語のみが正しい」「日本人(を含む非英語圏の人たち) の発音は汚い」などと子どもに思わせるような指導は、偏見や差別意識にもつながりかねません。

　「きれいな英語」「教養ある英語」ということば自体に危険を感じることもあります。本当に教養のある人なら、発音の多少の違いをものともせず、コミュニケーションをとり、わかり合おうとする力を備えているはずです。

関連ページ　⇒　p. 70

* *The Phonology of English as an International Language*, Oxford University Press, Jennifer Jenkins (2000)

12 「英語のリズム」は体得できる?
通じるために、リズムよりも大切なもの

「英語はリズムが大事」「意味がわからなくても英語を聞かせ続けましょう。自然なリズムが身につきます」と言う方もいます。そもそも英語のリズムとはどんなものなのでしょうか。

考えてみましょう

日本語は、母音と子音の組み合わせで成り立つ音が、いずれも同じ長さ(例「こんにちは」において「こ」「ん」「に」「ち」「は」のそれぞれの長さがほぼ均一)となります。これは「等音節性のリズム(syllable-timed rhythm)」と言われます。一方、英語は、文の強勢が現れる間隔を同じ長さにしようとする傾向があります。これは「等時性のリズム(stress-timed rhythm)」と言われています。

この傾向のため、英語の母語話者がふつうのスピードで発話すると、弱く聞こえる音や、本来とは異なる音声になったり消失したりする部分が生まれて、母語話者以外には聞き取りにくいということが起こります。

この stress-timed rhythm は、大統領のスピーチや英語のナーサリーライム*に典型的に表れるとされています。逆に言うと、一般の発話に常にこのリズムが顕著に表れるというわけではなく、ある程度の長い発話において起こる特殊なリズムと言ってよいでしょう。

英語・英文のリズムは、強勢(ストレス)のある部分(センテンス・ストレス)を、強く、高く、長く発話することによってできあがります。つまり、どの英文も常に同じリズムで発話されるというわけではありません。

したがって、メトロノームなどに合わせて、決まったリズムで意味のわからない英文の発話練習をしても、それが「英語のリズムを身につける」練習になるわけではありませんし、英語のリズムが身につくとも思えません。

* 英国の童謡。多くの場合、英語特有のリズムを有し、韻を踏む形式になっている。

2　発音はとっても難しい

　日本語を学ぶ海外の子どもたちに、五七五七七や古典のリズム・古い表現を身につけさせる必要があるとは思えません。英語のリズムも同じではないでしょうか。

> **こうして みませんか**

　語や意味の塊を聞き取るために意識すべきなのは、それぞれの文全体のイントネーションとセンテス・ストレスの位置です。例えば、Look at the cat on the table. と言ったときに、同じ英文でも、「（テレビじゃなくて）テーブルの上の猫」であれば、table が強く、高く、長く発話されますし、「テーブルの（下じゃなくて）上の猫」という気持ちであれば、on が強く、高く、長く発話されます。

　リズムは一定ではなく、誰に、どんな場面でどんな気持ちで、何を伝えたいのかによって変わってきます。つまり、状況、場面、意味を伴わない練習をしても、使い物にならないということなのです。

　指導においては、一定のリズムで繰り返し発話させるようなことよりも、英語の音の特徴、アクセント（強勢）の位置やイントネーションの違いに注意しながら聞く活動のほうが効果的ですし、それが将来的に他の外国語を学ぶ際の大切な資質ともなります。

　発話の際も、個々の発音よりも、どんな気持ちで言っているのか状況を与えながら、語やフレーズ全体の「イントネーションやアクセント」に留意させるようにします。些少の発音の違いよりも、イントネーションやアクセントが違っていることのほうが、気持ちが通じにくい原因となるからです。

〈アクティビティ例〉●なりきりオーディション（p. 32）

関連ページ　⇒　p. 56

ここがポイント

- 「英語のリズム」は一定ではありません。
- リズムよりも、文強勢や全体のイントネーションに注意させ、聞いたり表現したりする練習を大切にしましょう。

13 大切なのはコミュニケーションへの姿勢
お手本は教材を効果的に利用して

必修になったとはいえ、「英語は自信がないから教えられない」と外国語活動を敬遠する小学校の先生も少なからずいるようです。しかしそうも言っていられません。外国語活動にどのように取り組めばよいでしょうか。

考えてみましょう

担任の先生のほとんどは英語の専門家ではありませんが、英語のスキルを教えるのが外国語活動の目的ではありません。したがって「英語を教えなくては」と身構える必要はありません。

また、少なくとも大学まで英語を学んでおり、英語に関する知識は、子どもよりはるかに持っているはずです。足りないのは「実際に使う経験」です。

日本語なまりがあったり、文法が正確でなかったりするのは、母語話者ではないのですから当然のことです。大切なのは子どもたちの前で、ALTやゲストスピーカーと、英語を使ってコミュニケーションをとろうとする態度です。「将来は、ぼくたちも、ああやって外国の人と一緒に仕事をするんだ」と子どもたちが思えるような姿を見せることに、大きな意義があります。

また、発音にしても、子どもたちはちゃんとALTやCDなどの教材のまねをするようですから、あまり心配はいりません。担任の先生は「コミュニケーションのお手本」「学習者のモデル」として、子どもたちと一緒に英語を学ぶつもりで取り組むのでよいと思います。もちろん、少しずつでも英語の勉強をしていけば、コミュニケーションもより楽しくなるはずです。

2　発音はとっても難しい

> **こうして
> みませんか**

　発音に関しては、「カタカナ英語」をよしとするのではなく、「通じる発音」になるように努めることは必要です。

　また、授業の進行に用いられるクラスルーム・イングリッシュを、ある程度できるようにしておくとよいでしょう。クラスルーム・イングリッシュを使うことで、一緒に活動する ALT も次に何をするかがわかります。このときも、ゆっくり、はっきりと発話し、ことばとして使用することを忘れないようにしましょう。

　校内研修等でクラスルーム・イングリッシュを練習に取り入れるのもひとつの手です。先生どうしが児童役と教師役になり、インタラクション（相互のやりとり、ふれあい）を持ちながら、語りかけるように練習することを心がけてみてください。目の前に児童がいる場面を想像して行うようにしましょう。

　授業で英語を用いる際も、早く発話する必要はありません。伝わる工夫をすること、ことばとしてのていねいなやりとりになることが大切です。

　担任だけの授業の場合、先生の英語をお手本として聞かせるのには限界があります。学習指導要領にもあるように、視聴覚教材を十分に活用しましょう。CD や DVD はもちろん、電子黒板がなくても、手軽に英語の音声モデルを提示できる「音声ペン*」などの ICT 教材も出てきています。教材教具をうまく活用すれば、担任の先生ひとりでも、ほとんど問題なく授業を行うことができます。校内研修などでそれらの教材教具を使ううちに、先生方の英語力も向上していくはずです。

関連ページ　⇒　p. 36、p. 225

> **ここが
> ポイント**
>
> ♛ 先生は「英語を教える」よりも「英語を使おうとするモデル」として、積極的に英語でコミュニケーションをとる姿勢を見せましょう。
> ♛ 視聴覚教材を効果的に活用しましょう。

*参考教具例：成美堂『らくらくペン』（巻末ページ参照）

REFLECTION
(ふりかえり・まとめ)

2章　発音はとっても難しい

★以下の項目についてどれくらい理解できているか、マーカーで塗ってみましょう。十分に理解できていない項目は読み直しておきましょう。

・発音の指導の難しさ

| 0% | 25% | 50% | 75% | 100% |

・よく聞いてまねしようとする態度の大切さ

| 0% | 25% | 50% | 75% | 100% |

・「世界語としての英語」の見地からめざすべき発音

| 0% | 25% | 50% | 75% | 100% |

・意味を伝えるためのイントネーションの大切さ

| 0% | 25% | 50% | 75% | 100% |

・先生が積極的にコミュニケーションをとることの大切さ

| 0% | 25% | 50% | 75% | 100% |

・視聴覚教材を活用する必要性

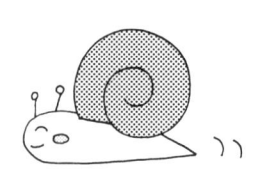

| 0% | 25% | 50% | 75% | 100% |

3章

よりよいT.T.の実施のために

教壇に立つのは誰？

・T.T.＊とはいえ、ALT＊が中心で、正直お任せに近い。
・ALTとの打ち合わせの時間はほとんどとれない。
・JTE＊は何でもやってくれるので担任はほとんど何もしていない。
・ALTはCD代わりが主な役割だ。
こんな状況になっていませんか。

「小学校の先生の負担を軽減しなくては」と、現場にALTを確保することが一番の支援なのでしょうか。「開かれた学校」であることは大事ですが、問題もあるようです。指導者の問題を考えてみましょう。

＊T.T.（Team Teaching）：協同で授業を行うこと。ティーム・ティーチング
ALT（Assistant Language Teacher）：外国語指導助手
JTE（Japanese Teacher of English）：日本人英語教師

14 責任ある教育の実施を
ALT は英語教育のプロではありません

　小学校の外国語活動の多くに、ALT（外国語指導助手）が参加しています。このこと自体は、自分たちと異なる言語や文化を持った人たちと直接ふれあうという意味で、とても意義のあることだと思います。しかし、問題が多いのも事実です。
　市町村の中には ALT 派遣会社と「業務委託」の形で契約し、そのため法律的に担任との T.T.（ティーム・ティーチング）ができず「授業では担任が一切口出しをしてはいけない」という状況になっているところがあります。カリキュラムと教材まで任せている場合もあるようです。その結果、「英語ばかりで子どもたちがわからないと言っている」「中学校の前倒しのようなリピート練習ばかり」「ゲームで盛り上がるだけで、何のためにやっているのかわからない」「英語嫌いが増えた」という小学校の先生からの声も聞こえています。このような ALT の指導に対して年間数千万円の業務委託費を払っている一方で、現場では「教材を買う予算もない」というのです。

考えてみましょう

　「英語のネイティブ・スピーカー（以下ネイティブ）だから良い指導者である」と言えないのは当然です。教員の免許を持っていたり、母国で教員の経験があったりする ALT はごくわずかでしょう。JET プログラム* で来日する若者も、派遣業者や英会話スクールから派遣される外国人も、外国語として英語を学ぶことについての専門知識、児童心理学や発達心理学、学習障害、そして小学校教育についての専門的な知識や深い理解もないまま「ネイティブである」というだけで雇用されている場合もあるようです。
　情熱を持って「ずっと日本で英語を教えたい」という方もなかにはいますが、多くはビザの関係で限られた期間しか滞在できません。はっきり言えば、彼らは教育の

*昭和 62 年から始まった「語学指導等を行う外国青年招致事業」

素人と考えたほうがよいでしょう。逆に言えば、だからこそポジションはアシスタント（助手）なのです。授業において、彼らが単独で授業ができないのは当然のこと、担任の先生がしっかりイニシアティブをとって進めなくてはなりません。

| こうして みませんか | 小学校教育について専門的な理解を持たない企業に、無責任に教育を丸投げすることは許されません。外国語活動の趣旨をしっかりと伝えるとともに、使う教材や指導内容についてもよく精査する必要があります。 |

教員免許を持たない人間に授業を担当させることは慎重に行うべきです。行政の責任として、ALTや外部講師の資格等の基準を明確にし、学校、保護者、市民から認められることが必要であると考えます。

また、文部科学省は、「業務委託では望ましいT.T.はできない」とする通知を出しています。よりよい教育を考えれば、市町村は迅速に契約を見直すべきでしょう。直接雇用で、コストも削減しながら地域の外国人の協力を得ることでうまくいっている市町村もあります。現場の負担を減らそうとした結果、持続可能な教育の準備を遅らせることになっては意味がありません。

「現場の支援」としてすべきことは、安易に外部講師を確保することではなく、すべての現場教員へ研修の機会を十分に与えること、またICT教材や教具などにも十分な予算をつけ、担任主導で授業が行えるような環境整備を行うことであると言えるでしょう。

関連ページ ⇒ p.72、p.78

ここがポイント

👑 ALTはあくまでもアシスタントです。学校、先生が、子どもの教育にきちんと責任を持てる体制をつくりましょう。

15 効果的な役割分担を考えよう
ネイティブが教えれば、うまくいくわけではない

　ある小学校で、ALTと担任の先生の授業を見せてもらったことがあります。それは、ALTが主体となった授業でした。担任の先生が英語を話すことはほとんどなく、それどころか特に活動に参加しているわけでもありませんでした。何をしていたのかと言うと、発話した児童の胸に、忙しそうに「ごほうびシール」を貼って回っているだけだったのです。毎回このような授業をしているとは思いませんが、少なくとも、日本人教師が指導案を一緒に作成し、きめ細かい配慮の行き届いた授業が作られているようには思えませんでした。

考えてみましょう

　小学校の外国語活動は「ALTが英語で授業をしていれば、それでよいのだ」と、勘違いしている学校もあるようです。しかし、ALT任せの授業において、外国語活動の目標に合った内容が実施されていない場合も見られます。英語を聞かせる場合には、その意味を理解させるための努力や工夫がなければ、子どもたちは何も学ぶことができません。「理解できないインプット」を与えても時間の無駄でしかありません。ALTがいれば授業が成功するわけではないのです。

　発話の内容を明確に伝えない動作、また、混乱させるような絵や情報を与えれば、児童はまったく異なった理解をしてしまいます。これは実際に指導をされている方には、経験があることだと思います。

3 よりよいT.T.の実施のために

こうしてみませんか

担任の先生とALTが巧みに役割分担をし、たくさんの「理解できるインプット」を与え、意味のある情報のやりとりを行うといった活動に取り組んでいる学校もあります。

リピートさせるだけの活動であれば、ALTがいなくてもCDやICT教材でできます。ALTとのコミュニケーションを大切にしながら、ALTだからこそできることを考えましょう。

たとえば、ひとつの表現を発話してもらうときにも、いつも同じではなく、表情や声質、スピード、ジェスチャーなどに変化をつけた発話を何種類かしてもらいます。そして、それぞれどんな状況や気持ちで発話したのか、子どもたちに考えさせます。その後でリピートさせると、子どもたちは「伝わりやすい表現や表情」に気をつけて練習するはずです。

担任の先生が「このクラスの子にどんなことを体験させたいか」を考えてALTに伝え、教室活動をリードすることが大切です。そして、こういったALTと日本人教師の役割を考えていけば、担任が流暢に英語を話すことができなくても、充実した授業ができることがわかるはずです。

関連ページ ⇒ p. 24、p. 26、p. 32、p. 76、p. 78

ここがポイント

- ♛ ALTがいれば、それだけで授業がうまくいくわけではありません。
- ♛ 担任が授業のねらいをしっかり考え、チームの力が生きる役割分担をしましょう。

16 「ネイティブ信仰」を疑ってみる
ALTの果たす大切な役割とは

中国系アメリカ人のALTが新しく赴任した学校から「なまりが強い」というクレームが教育委員会に届いたことがあるそうです。一方、ALTに対して「子どもたちが積極的に授業に取り組むように、楽しくエネルギッシュな授業をやってほしい」と注文をつける学校もあるようです。

また、ある学校で、授業参観に来ていた他校の校長先生たちが、「やっぱり生の英語でなけりゃだめだな」「アメリカ人は明るいし、子どもたちを楽しませることを知っている」「今年のALTはスコットランド英語だから……」と話しているのを聞いたことがあります。ALTに求められる資質とはいったい何なのでしょうか。

考えてみましょう

日本には「ネイティブ信仰」があると言われます。以前、「上等舶来品」と言うフレーズがありましたが、今でも欧米文化への盲信的な信頼があるのかもしれません。

しかし、母語話者がみな良い指導者であるわけではありませんし、指導者に求められる本質は、「授業を盛り上げること」や「明るさやテンションの高さ」ではないはずです。

「外国語活動」には「コミュニケーション能力の素地を育てる」という目的があります。グローバル社会における英語には、母語話者だけとのコミュニケーションだけではなく、いろいろな言語や文化背景を持つ人々とのコミュニケーションツールとしての機能が期待されています。母語話者だけとの英語によるコミュニケーション体験にこだわる必要はありません。

出身国や地域、肌の色などでALTを色眼鏡で見たり、ステレオタイプで判断したりするような管理職はいないはずと信じたいものです。

3 よりよいT.T.の実施のために

こうしてみませんか

ALTとのふれあいの中で最も大切なことは、「英語のお手本を示してもらうこと」よりも、子どもたちが多様な文化や価値観にふれること、そして、英語を使っていろいろな国のゲストスピーカーと「コミュニケーションをとる機会を持つ」ということです。

小学校の外国語活動では、ネイティブ・スピーカー以外の方が授業に参加する場合もあるでしょう。「英語のお手本を示してもらう」存在としてではなく、国際補助言語としての英語使用者のモデルとしてその役割を考える必要があります。

いろいろな国のALTを「コミュニケーションの相手」として考え、彼らの訪問の時間を、いろいろな国のゲストとコミュニケーションを持たせる機会と考えれば、何を大切にすべきかがわかるはずです。

自国でハロウィーンの習慣のないALTが、「ハロウィーンについて紹介してください」と頼まれて困ったという話があります。「世界の人と連携するための言語」として、英語という存在を考えれば、英語圏以外の言語や文化にふれさせることで、ことばや文化への意識を育てることもできるはずです。欧米の文化や行事だけが素晴らしいわけではありません。世界の「多様性」にふれさせる機会、どの言語も文化も同じように大切であるという意識を先生方が持つことが重要です。

関連ページ ⇒ p. 28、p. 58、p. 76、p. 136、p. 178

ここがポイント

- 👑 さまざまな多様な英語にふれる機会が大切なのであって、母語話者の英語だけにこだわる必要はありません。
- 👑 ALTは「英語でコミュニケーションをとる相手」として考えましょう。

17 JTEとの十分な共通理解を
学習指導要領に合った指導をしていますか

　ある学校で見た授業です。進行からモデルの提示まで、ほとんどを外部講師が進めていきます。担任の仕事は授業を進める案内役のようです。講師は英語だけを使い、テンポよく進めているようにも見えますが、何が起こっているのかわからない児童もいます。十分な聞く活動もないまま発話の活動に移行したために、発話に自信を持てない児童もいます。「わからない時は質問しなさい」とうながされるものの、その発言も英語なので児童には理解できません。わかる子しかついていけない授業になってしまっていました。

考えてみましょう

　JTE（日本人英語教師）として、中学校の英語科の先生や、民間の児童英語教師がお手伝いしている学校もあるでしょう。ただし、中学校の先生の中には、週に3回ある中学校の授業のペースで進めていってしまう先生もいるようです。

　また、児童英語教師の場合、中学・高校の英語教員の免許を持っていたり、ある程度の英語力や海外体験などがあったりする方が多いようです。児童に英語を教える豊富な経験を持ち、向上心のある方であれば、英語教育に関わる情報や研修会、教材のことなど、情報をシェアしてくれる貴重な存在となるでしょう。時間のない先生方の代わりに率先して教材作りをしてくれたり、ALTとの打ち合わせでの意思の疎通を手伝ってくれたりと、力強い味方になるはずです。

　しかし、ありがたいからと全部お任せにしてしまい、担任の意識が一向に高まらないという問題もあるようです。また、すべての方が児童や小学校教育について、十分な知識と理解、子どもの前に立つのにふさわしい見識や経験を持っているとも限りません。一部には、学習指導要領を熟読しているわけでもなく、外国語活動の趣旨をよく理解しないまま、持論に従って英会話スクール等での指導や教材を使用し

ようとする場合もあるようです。教育的配慮が十分とは言えない指導や教材が用いられることもあるかもしれません。

こうしてみませんか

ALTと同様で、外部の指導者が関わる場合も、外国語活動の目的や内容を共有し、どのような指導内容であるべきか、よく話し合う必要があります。外部講師は、英語の指導はできても、学校教育についてはプロではないことが多いはずです。

まずは学校で学習指導要領の勉強会を開いてください。学習指導要領を解説とともに読み込み、指導内容について共通理解を持つことが大切です。これらについて学校側がよく理解をしていないと、JTEの提案する指導内容や指導方法について修正を求めることもできません。学習指導要領からはずれるような指導内容を認めることは、子どもの負担になりかねません。

外国語活動の目的をしっかり理解し、小学校教員の成長をサポートしながら協力的に教育にあたってくれる方も少なくありません。すべてお任せになってしまうのがいちばん危険と言えるでしょう。JTEに任せてしまい、担任は後ろでテストの採点をしているなどもってのほかです。それぞれの児童の性格や得意なこと、学級の特徴などをいちばんよく知っているのは担任です。JTEの協力を得ながら、担任ならではの授業づくりを工夫したいものです。

関連ページ ⇒ p. 66、p. 74、p. 78、p. 82

ここがポイント

♛ 外部講師とも、指導や内容について十分な共通理解が必要です。

♛ 協力を得ながら、担任ならではの授業づくりを。

18 英語教室のようなスキルの指導に偏ると……
授業についてこれない子が出ていませんか

　外国語活動の時間の目的や趣旨を忘れ、英語教室と同じようなスキル教育を実践している小学校があります。「子どもはスポンジのように吸収します」「子どもが文字をほしがっています」と、気がつけばどんどん教え込み、手を挙げる一部の子どもを中心に授業が進んでいきます。

　結果として、「わかる子」「わからない子」の二極化が進み、授業についていくために、塾に通う子どもが増えていきます。ある小学校では、クラス全員が英語の塾や英会話スクールに通い始めたと嘆いていました。また、中学校に入る前に「英語嫌い」「英語への苦手意識が強い子」が増えている学校や地域が、すでに出てきているようです。

　|考えて|
　|みましょう|

　民間の英語教室では、「英語を楽しく学び、興味関心を高めること」だけでなく、保護者に「子どもの英語力がついた」ことを証明することも求められます。多くの場合は「たくさん単語を知っている」「文字が読める、書ける」「絵本などを音読できる」「文章を暗唱できる」「英語運用能力試験等に受かる」など、目に見えてわかりやすい「スキルの習得」をめざすことになります。「おけいこごと」「習いごと」ですから当然とも言えるでしょう。しかし、これらが小学校外国語活動の目的や趣旨と異なることは明らかです。

　また、私立小学校の場合は、指導者は英語に堪能であり、十分な英語指導の経験や指導力、ノウハウを持っていることが多いと思います。家庭環境や保護者の経済状況、児童層も異なります。塾や英会話教室等での学習が約束されているわけではない公立小学校で、同様のことを行おうとしても難しい面があるでしょう。

| こうして みませんか |

小学校では1クラスが多ければ30人以上、民間の英語教室では4～5人など少人数のことも多いでしょうから、個別指導できる時間も異なります。ピクチャーカードなどの教具ひとつをとっても、求められる大きさや提示の方法も違ってきます。民間の英語教室ではうまくいく指導方法でも、小学校では通用しないこともあるはずです。

さらに公立小学校ではさまざまな家庭環境の子ども、場面寡黙児や自閉症、多動性障がい等の児童への配慮も求められます。このように、児童英語教室と小学校では、目的も当然のこと、環境も条件も違いますから、異なるものとして考えるべきです。

以下のような点や子どもの反応に注意することが必要です。

● 教材：提示物の場合、大きさは十分か。内容は子どもの年齢、発達段階に合っているか。教育的配慮に欠けたイラストや内容はないか。用いられている単語や表現が子どもの理解を超えていないか。

● 指導：板書しないと覚えられないような長い文や対話文を与えていないか。毎回新しい内容を教えていないか。十分に聞かせる前に発話させていないか。いつも一部の子どもだけが手を挙げ活躍していないか。発話するためにカタカナをふっていないか。棒読みになっていないか。

私塾における児童英語教育には30年間の歴史があります。そこで得られた知見には、参考にできる部分もたくさんあるはずですが、すべてが公立小学校でそのまま通用するわけではありません。公立小学校の教育においてふさわしい指導や教材が、これから現場の先生の力で開発されていくことが期待されます。

関連ページ ⇒ 5～7章

ここがポイント

♛ 児童英語教室や私立小学校の指導・教材がそのまま通用するとは限りません。

♛ 「教え込み」「スキル教育」で、英語嫌いをつくらないよう注意が必要です。

19 ALTはCD代わりではありません
「人間ALT」として、その人ならではの活躍の場を

　多くのALTから、「授業でCD代わりに使われることが苦痛」という話を聞きます。小学校では特に、管理職を含め「それこそが外国人の役割ではないか」という認識もあるようです。しかし、多様な場面に応じた発話を聞かせるには、教材よりも肉声のほうがよいとはいえ、何度も同じ単語やフレーズをリピートするなど、教材を使えば簡単にできる単純なことまで行うことを苦痛に感じるのは当然のことです。

考えてみましょう

　CD代わりではなく、生きたことばを使用するモデルとして活躍できてこそ、ALTもやりがいを感じられるはずです。子どもとALTとの出会いを大切に、その人の個性や文化背景を生かした活用をもっと考えていくべきだと思います。既習の表現を使って、ALTと子どもとの間で、互いに伝えたいこと、新しい情報のやりとり、新しい発見が起こるような活動が望まれます。ALTを「その国からやってきた大使」として、その国の文化、またその人自身に興味を持たせることも、担任の先生の大きな役割と言えるでしょう。

　日本の教育のねらいを理解しようと努めるだけでなく、子どもたちのことを思って一生懸命取り組んでくれるALTはたくさんいます。教え方がとても丁寧で、教材開発の努力も怠らないALTには、小中高だけではなく、大学の英語指導も担当してほしいくらいです。

　良い授業を行うには、まず彼らを同僚として受け止める姿勢が必要です。お客様扱いにしてしまったり、反対にすべてを任せてしまったりするのもいけません。学校に行くと、ポツンと席に座っているALTの姿を見ることがあります。日本語でよいので、みんなで声をかけることから始めてみてください。

また、「ALTとの打合せの時間がない」という声をよく聞きますが、学校としてその時間を確保することが必要です。何よりもまずは人間関係を築くことが大切です。日ごろのコミュニケーションが良好であれば、それは子どもにも伝わります。授業についても意見を出し合いながら、協働してよりよい授業実践をめざしたいものです。

| こうして みませんか | 日本で、特に小学校の教室で英語を使う必然性はほとんどありません。子どもたちにその必然性を感じさせるには、ゲストスピーカーやALTと交流する際に、伝えたいことを意図的に仕組むことが必要となります。自分たちの思いや考えを伝える対象として |

ALTとの会話やプレゼンテーションを計画したり、ALT自身のことを語ってもらったりするような活動であれば、ALT自身も楽しめるはずです。「人間ALT」としての活躍の場を考えないと、せっかく来てくれている意味も薄れてしまいます。

ALTやゲストスピーカーが来られる時間が限られている場合は、ビデオに登場してもらうのも良い手です。具体的には、単元の一番最初に、動機づけのビデオに登場してもらう、また練習用などのビデオに登場してもらうなどの工夫ができます。さらに、「○○先生が来たら、こんな表現を使って、こんな活動をしようね」と最終目標を意識させ、学びの目的を意識づけるようにするとよいでしょう。

関連ページ ⇒ p. 79、p. 136、p. 165

ここが ポイント

- ♛ CD代わりとしてではなく、より意義のあるALTの活躍の場を考えましょう。
- ♛ 思いや考えを伝える対象として、ALTの来校が動機づけになる工夫をしてみましょう。

One Point Seminar

担任中心の授業が望ましい理由

　各学校には「育てたい児童像」があり、その目的にすべての教育課程が向かっていくものです。指導要領に示された目的、指導上の配慮事項を踏まえて、教育課程や授業を通して育むべき力を明確にするのはそれぞれの学校であり担任でもあります。

　担任の先生が中心になるメリットとして、子どもたちを熟知していることがあります。クラスの人間関係、児童の興味・関心のある事柄、得意分野、他教科や年間行事についての詳しい情報を持っているのも担任にほかなりません。それらを踏まえ、授業のどの場面でどの子どもを生かしていくかを考えることは、担任でしかできない重要な仕事です。たとえばI like…が活動のテーマであれば「この子はサッカーが好き」「漫画やアニメに詳しい」など、担任だから知っている情報をうまく使い、その子の活躍する場面をつくりだすこともできます。学校の年間行事や他教科で取り組んでいる内容もわかっていますから、テーマやトピックとして、児童に身近な題材を選ぶことができるはずです。ALTや外部講師ではこうはいきません。

　また、友達とペアになって関わる活動の多い外国語活動を、学級経営に生かしている先生方もたくさんいます。担任主導の外国語活動を通して、「クラスの雰囲気が良くなった」「人間関係が変わった」「教師と子どもの関係が近づいた」「子どもたちに思いやりの態度が育った」といった報告もあります。小学校教育の専門家である担任の先生だからこそ、「英語を使って子どもたちをどう育てようか」という全人教育の視点で授業をつくることが可能なのです。そういう先生の授業では、子どもたちの人との関わり方、すなわちコミュニケーションの「質」が変わることが起こります。外国語活動で育てるのが「英語のスキル」だけではないからこそ、担任の役割が非常に重要と言えるのです。

関連ページ　⇒　6章

REPORT 現場の取り組みから [2]

子どもが大好きなALTのミニスピーチ・タイム
よく聞いて、聞き返して、想像しながら聞いてみよう

遠藤恵利子（仙台市立向山（むかいやま）小学校）

　毎時間ALTに、子どもたちがわかる単語やフレーズを使いながら、簡単な英文を2～3センテンスで話してもらう活動を行っています。5年生の5月のスピーチタイムでは、単元に合わせて「好きなもの、好きではないもの」について、以下のような簡単な自己紹介をしてくれました。

　I like apples. But I don't like bananas.
　I like tomatoes. But I don't like lettuce.
　I like sushi. But I don't like natto.

　まず、聞こえてきた音やことば、ALTの動作やジェスチャーなどから、どんなことを言っているのか想像させます。子どもたちは、ALTの話に何度も耳を澄ませ、単語自体を知らない場合も、聞こえてきた音をどんどんキャッチして発表し始めます。キャッチできたものについて私が動作をしたり、黒板に簡単な絵に描いたりして並べていくと、その内容をつなげて、「○○が好きなんだって」「日曜日に○○に行ったんだって」など想像していきます。こうして、相手が何を言いたいのか考えながら、一生懸命聞こうとすることが大事だということを学びます。

　この活動のもうひとつのねらいは、「わからないときに聞き返す力をつける」ことです。この力がなければコミュニケーションはうまくいきません。「わからないのに黙っている」子どもたちをつくりたくないという思いが、きっかけのひとつにありました。そのために教えるのが"Once more, please. / One more time, please."などの表現です。

　あえてALTの方には、最初の1～2回は通常に近いスピードで話してもらいます。すると子どもたちは「えっ、何？ 何て言ったの？ わかんない！」と反応します。そこで「聞き返してみよう、聞き返していいんだよ」と、これらの表現を使う意味や必要性を導入します。

　子どもたちはこの活動を毎時間楽しみにしており、一生懸命に「ようし、聞くぞ」という意気込みで取り組みます。また、ちゃんと理解したいのでしょう、必ず誰かが"Once more, please."と発するようになります。そして、この活動以外の場面でも、このフレーズを積極的に使って聞き返すことができるようになっていきます。ALTも、そのときのトピックに合わせてスピーチの内容を工夫してくれており、私たち教員も興味を持って耳を傾けて聞きながら、いい勉強の場になっています。

p. 44、p. 140もあわせてお読みください。

REFLECTION （ふりかえり・まとめ）

3章　よりよいT.T.の実施のために

★以下の項目についてどれくらい理解できているか、マーカーで塗ってみましょう。十分に理解できていない項目は読み直しておきましょう。

・教員がきちんと指導にあたる必要性

|0%　　　　|25%　　　　|50%　　　　|75%　　　　|100%

・担任とALTとの役割分担の大切さ

|0%　　　　|25%　　　　|50%　　　　|75%　　　　|100%

・「コミュニケーションの相手」としてのALTの役割

|0%　　　　|25%　　　　|50%　　　　|75%　　　　|100%

・JTEと共通理解を図ることの重要性

|0%　　　　|25%　　　　|50%　　　　|75%　　　　|100%

・スキル重視の指導の危険性

|0%　　　　|25%　　　　|50%　　　　|75%　　　　|100%

・ALTの来校を子どもたちの学びの動機づけにする大切さ

|0%　　　　|25%　　　　|50%　　　　|75%　　　　|100%

・担任の先生が果たす役割の大切さ

|0%　　　　|25%　　　　|50%　　　　|75%　　　　|100%

4章

じっくり聞くことから始めよう

授業の構成、進め方に無理はありませんか

- 中学校の英語の授業と同じようになってしまう。
- 『英語ノート』をこなすのはたいへんだ。
- 毎回新しい語彙や表現を教えているが、なかなか定着しない。
- 子どもは教えたことをすぐに忘れてしまう。
- 「聞く活動」のレパートリーが少なく、発話練習を急がせているかもしれない。

こんな悩みはありませんか。

もし「うまくいかない」と感じていたら、単元構成、1時間の授業の展開や進め方に、改善すべき点があるのかもしれません。

20 毎回新しいことを教えて大丈夫？
復習の時間はたっぷりと

　小中連携を進めるある小学校では、中学校の英語教員が、『英語ノート』を使って授業をしています。英語の運用能力も高く、中学校での英語指導の経験も長いその先生は、中学校と同じように毎時間新しい単語や表現をどんどん与えて進めていきます。しかし、児童はすぐに単語を覚えることはできませんし、発話できるようにもなりません。でも先生が黒板に文字を書いて読ませることで、ローマ字読みでありながらも声は出ており、表面的には授業が成立しているように見えます。

考えてみましょう　小学校では週1時間しか外国語活動はありません。1週間も空いてしまえば、前回の内容はほとんど忘れてしまいます。中学校の英語と同様に進めてしまうと、子どもたちはついてこれないことが往々にして起こります。

　中学校では、一般的に、あいさつ（ウォームアップ）+復習+新しい内容の導入+活動+まとめ（終わりのあいさつ）という流れが定番となっていますが、これは基本的に、毎回新しい言語材料が導入されることを想定した進め方です。週に3回（新指導要領では4回）授業があるからこそ可能と考えられる授業パターンと言えます。

　小学校の外国語活動は、言語材料やスキル面の定着を目標とするものではありませんが、その時間だけでも、聞いたり話したりすることができるようにならない限り、教室でのコミュニケーション活動をスムーズに実施することは難しいはずです。

　中学校においても、授業は前回の復習から入るものです。小学校の場合、家庭では音声のモデルを聞くことができない場合も多いので、中学よりもたっぷりと復習の時間をとる必要があります。

　『英語ノート』の指導資料を見ると、指導計画上、十分な復習の時間はとられていないようです。指導資料の通りに発話活動を進めるために、板書した文字を

読ませる先生も出てきます。しかし、音声として十分覚えていない段階で、つづりまで学ばなくてはいけないとなると、ローマ字として読んでしまうことが起こります。また、学校の授業についていけず、塾などに通う子どもが増える結果となってしまうことになります。

こうしてみませんか

授業は、その日の活動内容と関連する既習表現や活動などの復習から入るようにします。音声を聞かせて単語や場面をイメージさせてから、前回使ったピクチャーカードを黒板に貼っていく活動や、音声を聞かせて当てはまるピクチャーカードを指差させるだけでも、良い復習になります。

さらに、その表現が使われる適切な場面や状況を設定して、ALTとの、あるいは指人形やパペットを使用した先生のデモンストレーション、ゲームや歌など、いろいろな方法で、習った単語や表現を聞いたり発話したりする復習の活動を行うことが望まれます。

言語材料は同じでも、活動内容が異なる「聞く活動」があれば、楽しく練習できますし、何度も同じ表現にでくわす回数が増えることで、徐々に子どもの理解を深め、表現に慣れさせることができます。

このようにして習ったことを思い出させ、「わかった」「できる」と思わせることで、英語への苦手意識を持たせないことが大切です。十分な復習の時間をとることなしに、次のステップに進まないことがポイントです。

関連ページ ⇒ p. 112、p. 114、p. 204、p. 224

ここがポイント

- 毎回新しいことを教える必要はありません。急がずゆっくり進みましょう。
- 復習として、特に「聞く活動」を十分に行いましょう。

One Point Seminar

授業の展開と指導の基本

使えるようになるための指導の順序
　子どもたちが、ことばを使って意味のあるコミュニケーションができるようになるためには、必要な英語表現をたっぷり何度も聞いて慣れ親しむこと、そしてそれを自分のものとして発話できるためには、理解した表現を発話する練習が必要となります。何度も聞いて練習し、言えるという自信があってこそ初めて発話ができ、コミュニケーション活動を楽しむことができるようになるのです。
　授業においては、新しい言語材料について、まず、どのような場面でどのように使用されるのか理解できるように導入を行います。そして、音声的な特徴や言い方にも注意させながら、「聞くドリル」を十分に経て「話す」練習へつなげます。発展として友達とコミュニケーション活動を行ったり、簡単な発表や課題に取り組んだりすることが考えられます。流れとしては以下のようになります。
1）導入・十分なインプット（意味・場面を理解させる）
2）聞くドリル（発話の前に準備としてさまざまな活動で）
3）話すドリル（意味がわかった上での、口慣らし練習）
4）人と関わるコミュニケーション活動
5）達成感を得られるタスクなど（課題に取り組む）

発話の前に、じっくり「聞く活動」を
　大切なのは、発話する前にじっくり「聞く活動」を行うことです。多くの学校では、「すぐに発話を求める」傾向があるようです。しかし、子どもたちが自信を持って発話できる段階まで待つこと、そのために多様な形での「聞く活動」が必要になります。
　聞く活動は「意味を考えながら聞く活動」にする必要があります。映像を思い浮かべながら、また、話者の気持ちを想像しながら聞かせるなどの指導が大切です。

発話させる活動も、機械的にリピート練習をさせるだけではなく、歌やチャンツ、あるいはゲーム・クイズ形式など、さまざまな方法を用いた指導が必要です。また、集中できる時間や興味・関心などを考えると、ひとつの活動を長く続けるよりも、いくつかのアクティビティを短時間ずつ行うほうが効果的と言えます。

気持ちや場面を考えさせ、自己表現につながる活動を

また、本当の「自分のことば」にするためには、発話させる場合に、「どのような場面で、誰に向かってどのような気持ちで言っているのか」を意識させる工夫が大切です。音声的な特徴やジェスチャー、顔の表情なども意識させ、豊かなコミュニケーションにつながる指導を心がけるようにします。

自分のアイディアや本当の気持ちを表現できるような手立ても大切です。「自己表現」として英語を発話することで「自分のことば」として定着していくことが期待できます。また、友達との情報交換が生じるような、必然性のある活動、関わりが生まれる活動の視点も大切です。

授業パターンも柔軟に考える

十分な教員研修ができていない現段階においては、教員の負担を少なくするため、1時間の授業展開をパターン化したものが、実施可能なモデルとして勧められる傾向があります。そのほうが子どもたちが安心して取り組めると言う先生もいます。しかし小学校では、中学校のような授業展開例にとらわれる必要はありません。子どもたちの実態に応じて、柔軟な授業展開を考えてみてください。特に復習の時間を十分にとることがポイントです。

関連ページ ⇒ 4〜6章

㉑ 『英語ノート』はアレンジして使おう
先生にも難しいことを子どもにさせていませんか

　『英語ノート2』を使ったある授業の様子です。この単元では「自分の行きたい国とその理由」を表現することになっています。ALTが旅行会社のスタッフ役として、子どもに"Where do you want to go?"と聞き、児童が行きたい国名を答える活動が行われていました。単元に載っている国や遺産の名前は難しいものが多いため、国名を絞り、行き先の選択肢が少なくなっています。そのため児童の創造性が生まれる機会はなくなっています。また、理由を言わせるため、旅行会社が怪訝な顔で客に"Why?"と聞くという不自然なやりとりになっていました。

　この単元の最後では、"I want to go to Italy. I like soccer. I want to play soccer in Italy."などが盛り込まれたスピーチ活動が掲載されています。教員研修で先生方にこの活動を行ってもらうと、プロジェクターに映しておいた例文を消したとたんに困ってしまい、英文が口から出てこなくなってしまう先生もいます。先生たちにも難しいことが、子どもたちに簡単にできるのでしょうか。

考えてみましょう

　週1回しかない授業で、単元の最後にこのようなスピーチを行うことが目標となると、覚えるだけで精一杯でしょう。「英語は難しい」と感じる児童も出てくるはずです。

　別の単元を見てみると、ひとつの単元に「1から60までの数、時刻の言い方」「時差」「1日の日課を紹介する」と、多くの内容が出てきます。先生方がもし初めてアラビア語を習っているとして、これらをたった4回の授業で消化できるでしょうか。

4 じっくり聞くことから始めよう

> **こうして
みませんか**

同じ単元を用いて、児童が旅行会社のスタッフ役となり、ALTに日本で彼らが行きたい場所を聞いて対応するという活動にした学校もあります。他教科で学んだ内容と連携させ、ALTが食べたいもの、見たいもの、したいことを聞いて、お勧めしたい場所の旅行パンフレットを渡すという設定です。

ALTは各グループの店を回ってやりとりをし、その後に児童全員が"Where do you want to go?"と質問します。ALTは、一番対応の良かった旅行会社が勧めてくれた場所を選び、"I want to go to Miyajima."のように答えるという活動内容です。このようにすると、児童には「よりよい接客をしよう」という目標も生まれ、表情やジェスチャー、声のトーン、話すスピードも意識するようになります。まさに「コミュニケーションの学習」が起こるのです。

また、「児童が行きたい場所を発信させる」ことをねらうとしたら、児童がより多くの情報を持っている国内を対象とするほうが望ましいかもしれません。発信する中身が十分に耕されていなければ、行きたい国や行きたい理由を言えたとしても、本当の意味での「伝え合う」活動にはならないと思われるからです。暗記したことを言うだけで終わってしまうのであれば、子どもどうしの「関わり」も生まれないでしょう。

『英語ノート』に載っているからと、すべての活動をそのままこなしたり、覚えさせたりする必要はありません。子どもの実態、子どもたちが知っていること、ALTに伝えたいことをよく考えながら、扱う内容および指導法、教材を精査、選択し、アレンジを加えていくことが大切です。

関連ページ　⇒　p. 88、5章、p. 136、p. 176

> **ここが
ポイント**
>
> ♛ 『英語ノート』は、児童の実態に合わせて使えるところを選択し、またアレンジするようにしましょう。
>
> ♛ 『英語ノート』ありきではなく「子どもありき」であることを忘れないようにしましょう。

One Point Seminar

『英語ノート』との上手なつきあい方

英語ノートの位置づけと問題点

　平成23年度まで、希望する学校に配付された『英語ノート』について、文部科学省は、「学習指導要領を具現化したものであるが、教材の一例であり、その使用の義務はない」と明言しています。

　『英語ノート』に沿って授業を行おうとしている学校では、以下のような問題があるようです。

◎「時間が足りない」：1単元についてほとんどが4時間配当だが、最後に「スピーチ」「発表」を行うことを考えると、十分な時間配当ではない。

◎「聞く活動が足りない」：単語や表現を導入した後、十分な聞く活動、また多様な聞く活動が少なく、すぐに発話を求めさせる活動が多い。

◎「関わりの具体的な姿が見えない」：学習指導要領に示されている「友達との関わり」が、具体的な活動の場面に見えない（ペアになる、やりとりをするという形式的な関わりで終わっている）。

◎ 中学校の前倒しではないとしながらも、実際には中学校「外国語科」との違いが明確ではなく、英語を教えることが中心の内容になっている。

なお7割が感じている「指導力への不安」

　Benesse教育研究開発センター（2011）「第2回小学校英語に関する基本調査（教員調査）報告書」によると、移行期間において『英語ノート』を使用してきた学校は90%近くになりますが、その内容が「児童の発達段階に合っているか」という質問に対して「とてもそう思う」という答えは9.4%に留まっています。

　また、外国語活動を実施する上での課題として「教材の開発や準備のための時間」が前回の調査から38.2%から57.9%に、また、「使いやすい教材」が課題という答えは17.5%から20.5%に増えており、外国語活動の指導への自信に関しては、「あまり自信がない」「まったく自信がない」を合わせると約7割、

68.1％の数字を示しています。「指導する教員の英語力」についても、依然33.6％が課題として感じています。

　このような結果を見る限り、『英語ノート』があることによって、教員が自信を持って指導できるようになったとは言いがたいようです。

　通常の検定用教科書が4年をかけて作られるのに比べ、1年という短期間で作られた教材ですから、万能でないのは無理もないのでしょう。なお、24年度までにこれに代わる新しい教材が作成・配付される予定になっていますが、大幅な改訂がなされない限り、現場のニーズに応えるものとはならないことが懸念されます。

自分たちにふさわしいカリキュラムづくりを

　すでに自分たちのカリキュラムを持つ学校では、『英語ノート』の単元の一部の活動を用いることで、カリキュラムをより豊かにしたり、翌年の活動との系統性を生み出すために計画的に使用したりしています。新しい教材も含め、使えるところを使えばよいというスタンスでよいのです。使用に縛られるあまり、目の前の児童に本当に育てたい力や教師の思いが実現できないようなことにならないように、注意することも必要です。

　各学校が子どもたちにふさわしいカリキュラムをつくりあげていくほうが、有意義な取り組みになるのではないでしょうか。

関連ページ　⇒　p. 194

22 参加していない子どもはいませんか
― 一人ひとりが最後まで活躍できる活動方法を

Simon Says というポピュラーなゲームがあります。指示された通りに体を動かすもので、"Simon says" や "please" ということばがついたときにだけ指示に反応し、それ以外は反応しないというルールで行います。

通常のルールは「間違ったら座る」というもので、負けたらその後は参加できなくなってしまいます。大きなクラスになると、長い時間待たされる子どもがたくさん出ます。参加する必要がないので、英語を聞くこともなくなってしまいます。

二手に分かれて、先頭の子どもだけが先生の英語の質問に答え、交替していく活動や、グループに分かれて順番に子どもたちが対抗するような活動も同様です。「参加しない時間、参加しない子ども」が多く生まれてしまう活動であれば、子どもの時間がもったいありません。

> **考えてみましょう**
>
> 勝ち進んだ子どもだけが参加でき、他の子どもは勝負が決まるまで黙って待つというルールでは、出番のなくなってしまった子どもは集中できなくなり、自分の世界に入って遊びだしたり、おしゃべりを始めたりしてしまいます。

そこで、限られた時間で、できるだけみんなが活動できる工夫、ゲームに負けても参加できる工夫が必要です。大切なのは「いかに集中して授業に取り組ませるか」です。先生が上手に英語で話をしていても、子どもが聞いていないのなら先生は話していないのと同じです。

活動に参加できないことくらいつまらないものはありません。より多くの子どもが参加し続けられるよう、工夫することを忘れないようにしたいものです。

4 じっくり聞くことから始めよう

こうして**みませんか**

「もう負けがわかっているからつまらない」という状況が起こらないように、敗者復活ができるようなルールにすると、全員が最後まで参加できるようになります。例えば Simon Says であれば、「間違った子どもは、座ったままで同じように参加して、3回間違わずにできたら復活できる」という約束をするだけで、子どもたちのやる気も変わってくるはずです。

一部の子どもしか活躍できない活動になっていないか、もしそうであれば、どうすれば改善できるか考えてみましょう。競争だからではなく、自ら積極的に参加したくなるような、英語を用いた意味のあるゲームの実施が求められることは言うまでもありません。「早く答えられた子が勝ち」「早く終わった子が勝ち」で終わるのでなく、勝負に偶然性を取り入れたり、得意な面や能力が発揮できたり、最後のクイズで大逆転ができる内容にしたりして、「全員が最後まで参加できる活動」を考えましょう。

△
Simon Says, touch your head!
つまらない…

◎
3回正解したら敗者復活!
やった!

敗者復活のチャンスをつくれば、みんなが最後まで聞く活動にできる。

関連ページ ⇒ p.94、p.132

ここがポイント

♛ **参加する必要がなければ、集中できなくなります。全員が最後まで参加できる工夫をしましょう。**

23 答えないのは、見ればわかるから
思わず「言いたくなる」「聞きたくなる」活動を

"What's your name?" "How old are you?" など、お互いにすでに知っていることを聞き合う授業があります。また、"Midori, what's your name?" など、呼びかけておいて子どもの名前を聞くという、とても不自然な場面を見ることもあります。あるいは、リンゴの絵を見せて "What's this?" と、見てすぐ答えがわかるような（明らかな）質問をすることも、「基本的な練習」として行われています。

考えてみましょう

せっかくなら、本当のコミュニケーション、ことばのやりとりが起こる必然性のある活動を行いたいものです。

ドリル活動を単調にしないためには「役柄になりきる」「その人になったつもり」の練習も有効です。「この人になったつもりで」という先生の声かけで、子どもの取り組みも違ってきます。会話の起こる状況、相手との関係を与えた練習が、実際のコミュニケーションの場面で生きてくるのです。

こうしてみませんか

例えば、カードに描かれたある人物になりきって、相手のカードの名前を互いに聞く活動なら、"What's your name?" も使えるでしょう。キャラクターの絵やタレントなどの写真も使いながら、「今日は好きな芸能人になってみよう」などの活動にすると、名前や年齢のやりとりにも聞く意味が生まれてきます。子どもが「聞きたくなる」「言いたくなる」ような活動を行うと、取り組みの姿勢も変わってきます。

"What's this?" の導入なら、子どもが描いた抽象的な絵や作品などを使って "What's this?" とたずねたり、少ししか見えない状態で質問をしたりします。このようにすることで、児童の集中力を上げたり、答えようとする意欲を駆り立てることができます。これは教材提示の際の基本的なテクニックです。

4　じっくり聞くことから始めよう

〈アクティビティ例〉● What's this?

　シルエットや一部しか見えないもの、反転したもの、モザイクのかかった写真や絵、ふだんと異なる角度から描いた絵、人によって見えるものが異なる「だまし絵」など、さまざまな素材や工夫のあるピクチャーカード*を使って"What's this?"のクイズを行います。必然性を持たせながら、何度も"What's this?""It's a..."の表現にふれさせることができます。

　果物や動物などの語彙を導入するときも、最初から単に絵などを見せるのではなく、このような教材を使って「何だろう?」と考えさせることで、英語の表現も記憶に残りやすくなります。箱や袋の中に実物やおもちゃを入れておいて、さわらせたり匂いをかがせたりして何かを当てさせるような、五感や想像力を働かせる工夫もお勧めです。

見てわかるものではなく、子どもが思わず集中するような素材を使ってみましょう。

関連ページ　⇒　p. 40、p. 120

ここがポイント

♛ コミュニケーションとして成立するような活動の中身を考えてみましょう。

♛ 教材も活用しながら、思わず言いたくなる、聞きたくなる活動を考えてみましょう。

* 参考教材例：成美堂『らくらくピクチャーカード・セット』（巻末ページ参照）

24 まねして終わりではもったいない
「英語を聞いて理解する」場面をつくる

ある小学校の研究発表会。教室では "Head, shoulders, knees and toes,…" と音楽に合わせて児童が体を動かしながら楽しそうに取り組んでいます。しかしよく見ると、児童は歌よりも先に体が動いてしまっています。先生がどんどんスピードを上げていくのに対し、児童は歌詞を聞いて動いているわけではなく、正確に体の部位を指し示しているわけでもありません。ただ体を動かしながら楽しくはしゃいでいるだけのようでした。

考えてみましょう

「聞く」⇒「理解する」⇒「行動する」という方法で、体を動かしながら英語を学ぶ教授法があります。TPR（Total Physical Response）と呼ばれるもので、外国語学習の入門期に効果的とされている指導法のひとつ、考案者は Asher という研究者です。

簡単な例で言えば、先生が "Stand up." と言って指示またはジェスチャー（お手本）を見せ、子どもにもうながします。このようにしながら、stand up が「立つ」という意味であることがわかり、行動することによって体で覚えていきます。先述の（p. 90）Simon Says のゲームもこの TPR による指導です。

この TPR を応用すると、活動の内容を変えることで、体を動かす活動から、知的な活動へと広げていくこともできます。例えば「ジャンプする、歩く、走る」といった体を動かすレベルから、「色を塗る、線を書く、文字を書く、カードの順番を並び替える」などの細かい動作へ、そして「指示に従って何かを完成させる」という内容まで発展させることができます。

4　じっくり聞くことから始めよう

> **こうして みませんか**

TPR を利用する際に注意することは、「発話する前に行動をして見せてしまえば児童は発話を聞く必要がなく、ただ行動をまねだけで終わってしまう」ということです。言い換えれば、「聞く必要があって聞く」状況をつくり、「聞かせて」から「見せる」という順番が必要となるのです。

「世界の料理」と称してALTなどの国の料理を一緒に作る活動があります。しかし、何の配慮もなく、ただ動作を見せながら英語を発話するだけでは、まねをして料理が作れたとしても、「英語を理解できた」ということにはなりません。

以前、インドからの留学生に教えてもらって、一緒にインド料理を作る活動を行いました。使用する具材、調理器具や調理方法についても前もって聞き、子どもに慣れさせておきました。本番では、すでに習っている語彙や表現なので、子どもたちは聞き取ることもでき、聞き続けることもできました。

せっかくの英語を聞く機会であれば、それが本当の「コミュニケーション」の手段となり「ことば」として用いられるように、教師側が工夫と準備、仕掛けをしておく必要があります。活動の前に、使用する基本的表現だけでもふれておく機会があれば、その時間の意味はずいぶんと変わってくるはずです。

最初に紹介した Head, shoulders, knees and toes,... も、歌詞と順番を覚えてしまった子どもたちは「注意して聞くこと」ができていません。このような場合は、同じような単語や表現を用いた別の歌を使ったり、替え歌にしてことばを入れ替えたりして、「聞く必要のある教材」に変えていく工夫も必要です。

関連ページ　⇒　p. 90、p. 98

> **ここがポイント**
> - ♛ TPR では「英語を聞かせて」から「行動を見せる」という順番が大切です。
> - ♛ 既習の語彙や表現を用いて、聞く体験をつくるようにしましょう。

25 最後まで聞きたくなる活動を
キー・ワード・ゲームの盲点とは

ペアになって2人の間に消しゴムを置き、その単元で出てきたいくつかの単語から先生がひとつ選び、その単語を先生が言ったときだけ消しゴムを取るという「キー・ワード・ゲーム」があります。

子どもたちは先に消しゴムを取ろうと、一生懸命聞き、盛り上がる楽しい活動のようです。ただしこの活動には欠点があることがわかるでしょうか。

考えてみましょう

例えば色を表す単語で「キー・ワード・ゲーム」を行う場合を考えてみましょう。blue, red, yellow, green, black, orange, pink などのうち、yellow がキー・ワードであれば、最初の ye の音が聞こえた時点ですぐにわかります。逆に言えば、最初の「音」を聞き取ればよいだけで、最後まで英語を聞かなくても済んでしまいます。「キー・ワード・ゲーム」ではなく「キー・サウンド・ゲーム」と言えるでしょう。

eat と ink など、始まりが似ている単語を用いることで、途中までは聞き続けさせることはできますが、最後まで聞く活動にはなりません。また、英語を聞いて、その色を頭の中にイメージする（思い描く）ことも起こらないはずです。「色を表す単語の意味と音声に慣れ親しませる」のが目的だとすると、もっとふさわしいやり方があるかもしれません。

こうしてみませんか

ペアになります。ひとりが、好きな色とそれから想像するものを考えて、（例えば yellow と banana を思い浮かべてから）yellow と言います。もうひとりは、yellow と繰り返し、次に、相手が想像しているものを考えて当てるという活動です。すでに習っている単語でできることが前提です（例えば banana, pineapple, lemon, grapefruit,

4　じっくり聞くことから始めよう

pudding, cheese, giraffe, tiger など)。

　このとき、答えを当てるほうも、問題を言うほうも、頭の中に yellow の色が浮かび、何か黄色いものが描かれているはずです。この活動を行ってから、さらに yellow banana と「黄色いバナナ」という言い方に目を向けさせることで、日本語と英語の語順の共通点にも気づかせることにもつながります。

　単語やフレーズなどの音声を聞き、頭の中にその意味や示されているものをイメージすることは、ことばを自分のものにするための大切なステップです。しかし、単語の最初や途中までの音だけを聞いて競い合う活動では、このような「ことばを聞いて意味や絵をイメージする」ことが起こりません。

　カルタなどのカードゲームでも同じです。競い合うと、途中までしか聞かない活動になってしまいます。競争や緊張感が苦手な子どももいるでしょう。そこで、競争にせずに、一人ひとりが自分のワークシートを見ながら、聞こえてきたものを指で差すような活動にすれば、自分のペースで活動に参加できます。「隣の人も見つけられたら、一緒に手を挙げてね」という活動にすれば、そこには協力が起こります。

　このように、「聞く活動」の視点を変え、バリエーションを増やしていくことが大切です。また、「聞く活動」の段階で、日本語と英語の音声の違いに気づかせる指導を十分に行っておくと、子どもの発音も変わってきます。

関連ページ　⇒　p. 98、p. 126、p. 128

ここがポイント

- 発話を最後まで聞かせるには、「最後まで聞かないとできない活動」にすることが必要です。
- ことばを聞いて意味や絵をイメージするような活動が大切です。

One Point Seminar

「考えながら聞く」活動を

　十分な「聞く活動」を通して音声のインプットを行っておくことが、自然な発話につながっていきます。このとき、「考えながら聞く」「予測しながら聞く」「メモを取りながら聞く」など、バリエーションに富んだドリル活動を準備することがポイントです。

　指導や教材を工夫することで「楽しいドリル」は可能になります。「知らない間に何度も注意して聞いていた」「知らないうちに何度も発話していた」という時間になるように心がけましょう。

　以下は「最後まで集中して聞くこと」「必要な情報をつかむ」というリスニング力育成にも効果的な活動の例です。

ACTIVITY　●真実の口

　既習の単語やフレーズならどんなテーマにも使え、集中して英語を聞く練習になります。最初は日本語で行い、ルールがわかってから英語の質問に移行するようにしてもよいでしょう。

【進め方】

① ペアになって向かい合い、図のように右手を出します。どちらかが「真実の口」役です。もうひとりは「真実の口」に見立てた相手の手の中に、自分の右手を置きます。

② 先生が "It's Monday today." "Penguins can fly." などと発話します。子どもはその内容が「ホント」か「ウソ」かをとっさに判断します。「ホント」であればそのまま動かず、「ウソ」であれば、真実の口役の児童は相手の手をはさもうとし、相手役の児童はすばやく手を引きます。真実の口役が間違ってはさんだら負け、逆に相手は少しでもふれられたら負けです。

越えられそうなハードルを

　授業の内容を考える場合、ぜひしていただきたいのは、先生がこれまでに一度も習ったことのない外国語を、同じ量の言語材料や進度で学ぶことを想像してみることです。

　私はよく教員研修で、文字やふりがなを使わずに、フィンランド語などの短い文を1回だけ聞かせて、すぐにリピートしてもらう活動を行います。10年間以上勉強してきた英語ならできることも、新しく学ぶ外国語であればそんなに容易ではないことが、これによって実感してもらえます。

　子どもにとって、外国語学習はそれほどやさしいものではありません。「覚えることができない」「難しい」という苦手意識を生み出しては終わりです。「これなら越えられそうだと思える（子どもに思わせる）」くらいの高さのハードルを準備するのが、教師の大事な仕事です。

　新しい表現をすぐに言える、覚えられると思うのは大人の思い込みです。毎回の授業で発話まで求める必要はありません。子どもが十分に聞いて、自然に口から出てくるぐらいまで発話を待ってあげてもよいはずです。特に単元の前半では、ほとんどが「聞く活動」になってもかまいません。

関連ページ　⇒　p. 84

REFLECTION
（ふりかえり・まとめ）

4章　じっくり聞くことから始めよう

★以下の項目についてどれくらい理解できているか、マーカーで塗ってみましょう。十分に理解できていない項目は読み直しておきましょう。

・復習の時間をたっぷり取ることの大切さ
| 0% | 25% | 50% | 75% | 100% |

・たくさんの「聞く活動」を行うことの必要性
| 0% | 25% | 50% | 75% | 100% |

・『英語ノート』を各学校でアレンジして用いる必要性
| 0% | 25% | 50% | 75% | 100% |

・全員が最後まで参加できる活動の工夫
| 0% | 25% | 50% | 75% | 100% |

・子どもが言いたくなる、聞きたくなる活動の大切さ
| 0% | 25% | 50% | 75% | 100% |

・TPR の適切な指導法
| 0% | 25% | 50% | 75% | 100% |

・最後まで聞かせる指導の工夫
| 0% | 25% | 50% | 75% | 100% |

5章

無理なく発話につなげよう

棒読み、ローマ字読みはなぜ起こる？

・授業で、子どもの声が小さくなってきた。
・英語の発話が棒読みになっている。
・英語にふりがなをふって読んでいる。
・ローマ字読みになっている。
・音声をよく聞いてまねしようとする姿勢が見られない。
子どもたちにこんな様子はありませんか。

これらすべてに原因があります。何がいけないのか、どうしたらよいのか、探っていきましょう。

26 子どもの声が小さくなる理由
単調な繰り返しでは、つまらない

数字の発話練習です。先生が1から20まで書かれたカードを黒板に貼って、子どもたちは先生の後についてリピートしています。最初は大きな声が出ていますが、だんだん声が小さくなっていきます。先生がすかさず"Big voice!"と言いますが、子どもも飽きてきているのがわかります。

考えて みましょう

先生やCDの後についてリピートさせるような活動の場合、意味がわからなくても、あるいは何も考えなくても、まねすることはできてしまいます。しかし、このような活動を繰り返しても、あまり意味はありません。高学年では、見てわかる、読めばわかるものを積極的に口に出すことはあまりないでしょうし、延々とリピートするような活動では、興味もわかず、すぐに飽きてしまうはずです。

積極的に授業に参加していることを示すバロメーターとして声の大きさが考えられますが、反対に、教師が大きな声を要求するということは、その授業はおもしろくない証とも言えるでしょう。何かが足りないのです。

こうして みませんか

ふつう、単語やフレーズなどの意味や使われる場面が理解できてから発話練習に入るわけですが、効果的な発話活動にするためには、何度も飽きずに取り組ませるための工夫が必要になります。例えばピクチャーカードを見せながら語彙を発話させる場合などでも、「次は天使の声で言ってみよう」「今度はドラえもんの声で」「ささやき声で」など、いろいろな人物やキャラクターになったつもりで言わせるだけでも、楽しく練習ができるはずです。

また、絵カードを黒板に並べておき、左から右へ順に言うだけでなく、「反対から

言ってみよう」「速く言ってみよう」「リズムやメロディをつけて言ってみよう」など、活動に変化をつけたり、徐々にハードルを高くしたりするのも効果的です。同じテーマや表現でも、違った料理法で提示する発想が必要です。

また、先生やCDの後について繰り返すときと、自分で考えて発話するときでは、頭の中で起こっていることも異なることがわかっています。そこで、ドリル練習であっても、考えたことや選んだことを言う活動を行うことが、実際の場面で「英語を使える力」につながります。

覚えたことを言うだけではなく、カードや写真などをヒントに発話したり、頭に映像を思い浮かべながら内容を伝えるような発話のドリルを行ったり、状況や話し手の気持ちになりきって発話したりするような練習をしてみましょう。

〈アクティビティ例〉●恐怖の13

ペアになり、1から順番に、ひとり3つまで英語で数字を言っていきます。13を言った人が負け、という活動です。簡単な活動ですが、考えながら発話することで、「ことば」として使う機会になります。慣れてきたら、もっと大きい数でも、数字以外の語彙やアルファベットでも同様にできます。

関連ページ ⇒ p. 32、p. 38

ここがポイント

♛ ドリル練習にも変化をつけてみましょう。
♛ 「考えて発話する」活動が、実際の場面で生きてきます。

27 心のこもらない棒読みになるのはなぜ
記憶力を鍛えるトレーニング？

ある教室での指導です。全員が一斉に唱和する形で、何回もリピートして練習を行っています。声をそろえた結果、発話は不自然なイントネーションになっています。後半、一人ひとりが発表する活動も行われました。しかし、英語は棒読みで、発表用の絵の裏に書いたカタカナを読んでいるだけでした。

考えてみましょう

「言語材料を使えるようにならなければ外国語（活動）への関心・意欲・態度が育つはずがない。だからまずは、先生が与える英文を何回も言わせて練習させ、言えるようになった時点でコミュニケーション活動を行うことが正しい指導である」とする学校があります。

「関心・意欲・態度は成功体験から生まれてくるものであり、成功体験を与えるためには、まず慣れ親しむことが大切である」と考えて、上記のような徹底的なドリル活動を行っているとのことです。

これは一見正しいようにも思える考えですが、何の必然性も感じられない英語の単語や文を、使用する場面や話し手の気持ちもわからないまま、何度も繰り返し言わせることは、呪文やお経を意味もわからず唱えさせることとほとんど変わりがありません。「ことばとして英語を使うことの楽しさやことばへの気づき」が生まれるはずがなく、意識的な発話も起こらないでしょう。

子どもたちも、最初の数カ月は「いつか英語を自由に話せるようになるかもしれない」という期待から、大きな声で取り組むかもしれません。しかしすぐにそうならないことに気づき、飽きてしまうはずです。英語をただ発話するだけで達成感を感じられるのも、最初のうちだけでしょう。

「じゅげむじゅげむ……」と最後まで覚えても、それは「よく覚えたね！」ということで

しかありません。覚えたことを言うだけなら九官鳥と同じです。九官鳥やオウムは、丸暗記はできても応用はできませんし、自らことばをつくり出すことは難しいはずです。

　ことばとしての指導を考えない限り、身につくことはありません。単なる記憶力のトレーニングになっていないか、授業をふりかえる必要があります。

こうして みませんか	

　まずは児童が伝えたいことに気づかせてあげることが必要です。たとえばこんなふうに投げかけてみましょう。

　「来週ゲストの方がやってきます。学校を案内してあげましょう。どこを案内したいですか。グループで考えて、紹介する場所を7カ所決めてください」。

　自分たちで選んだ場所であれば、子どもたちの伝えたい気持ちは強くなるはずです。伝えるためには必要な言語材料を知り、慣れなければなりません。そして、どんなふうに言えば丁寧な表現になるのか、相手に伝わりやすいのかを考えさせる機会をつくります。このようにすれば、一人ひとりが実際の場面を考えながら、その場の状況を想定した活動が生まれてくるはずです。

関連ページ　⇒　p. 108、p. 136

ここが ポイント

♛ 棒読み、カタカナ読みになっていたら、無理な指導になっている証拠です。

♛ 自ら子どもたちが伝えたくなるような活動を考えましょう。

28 発話はいつも一斉がいい?

みんなちがって、みんないい

Do you like cats? Yes, I do.
Do you like fish? No, I don't.

子どもたちが一斉に声を合わせて発話しています。クラスの一体感が感じられ、学級の持つ雰囲気が表れる瞬間でもあります。教える側にとっては心地よいのかもしれません。しかし、声を合わせるために、間延びしたおかしな発話になっています。

考えてみましょう

欧米ではあまり見られないことですが、日本では大きな声で一斉にあいさつをしたり、唱和したりすることが奨励されるようです。「授業にはリズムとテンポが必要で、担任のタクトに従って、児童が一糸乱れずに活動に取り組む姿こそが理想的である」と思っている方もいるかもしれません。

学級経営がしっかりとできているところでは、確かに児童は担任の指示に素直に従い、「担任を支えている」と見えるほどの姿を見せてくれます。大きな声で一斉に英文を声に出したり、ハイテンションで活動に取り組んだりし、そのテンポの良い授業展開は、見ている者を感心させるものがあります。

ただし、外国語活動に関してみれば、このような授業には大きな落とし穴がある場合が多いようです。児童にしっかり活動の目的が伝わっていないと、単なる表面的な「見せる授業」になってしまいがちです。「どう見えるか」ではなく、子どもたちの内面でどんな学びが起こるかが大事です。体験的な活動を通して、気づきをうながす授業をめざしたいものです。

「ぼくは、きのう、お父さんと一緒に、ゆうえんちに行きました。とっても楽しかったです」。低学年の児童に作文を読んでもらうと、元気よく、不自然なリズムをつけて

5 無理なく発話につなげよう

読んでくれます。難しいことを記憶するときには、リズムやメロディをつけると覚えやすくなります。チャンツ*や歌を利用する利点のひとつもそこにあるわけですが、そのまま発話するのでは、実際の場面では使えない、不自然な発話になってしまいます。一斉に声を合わせて発話することに、それほどのメリットがあるとも思えません。

> **こうしてみませんか**
>
> 発話の練習をさせる場合には、不自然な言い方にならないよう注意が必要です。モデルとしてできるだけ自然な発話を聞かせ、そのまままねをして言わせるようにします。フレーズや単語を記憶させるためにチャンツなどを用いて練習をした後は、特にこのことを心がけるようにしましょう。

同時に大切なのは、一人ひとりが自分の言い方で言ってよいということを伝え、自分なりの言い方をする児童をほめてあげることです。このような子どもは、相手に伝わるように工夫ができる点において、コミュニケーション能力の高い子どもだと言えるでしょう。このような指導を重ねることで場面や気持ちに合った発話ができるようになります。

関連ページ ⇒ p. 30、p. 154

ここがポイント
- 「一斉に発話させること」にこだわると、不自然な言い方になってしまいがちです。
- 一人ひとりが自分なりの言い方ができるような指導をしましょう。

---

* 一定のリズムに乗せて、単語やフレーズを言っていく指導や教材。

29 英語にふりがなをふり始めたら要注意
ドリル、暗記、暗唱、スピーチの落とし穴

友達の前で発表する際に、ワークシートの後ろやノート、手のひらにカタカナでふりがなを書いて発表している児童を見ることがあります。長い対話文や歌の歌詞を板書して覚えさせているクラスでも、同様なことが起こっています。コミュニケーション活動の際も、相手の顔ではなく黒板やワークシートばかりを見ています。何が原因なのでしょうか。

考えてみましょう

読み方のカナをふるのは、覚えられないからです。覚えられないのは、その内容が子どもにとって難しい、あるいは長すぎるためです。カナをふる子どもがいる、カタカナ発音になっている、「できない」「難しい」という顔をしている子どもが多い場合には、活動自体が児童のレベルに合っていない内容のものであるか、あるいは指導法に誤りがあると判断すべきです。会話のやりとりも「板書しないと覚えられない」のは、板書しなくてはいけないほど長い内容を扱うこと自体に問題があります。先生自身が覚えきれないために板書することは、往々にしてあるようです。

もうひとつの原因は「十分な聞く活動がない」ことです。自信がないままに発話を強いられると、このような場面がよく見られます。友達の前で発表しなければならないけれど、音声として記憶できていない子どもは、しかたなくこのような方法をとります。

何度もやりとりのある対話文を覚えさせるような活動は、記憶力の高い子や、学校外で英語にふれる機会のある児童にはできても、それ以外の児童には非常に難しい活動になる可能性が高いと言えます。記憶することが苦手な子は、それだけで英語への苦手意識を持ってしまうかもしれません。覚えるのだけで精一杯で、自分で表現する楽しさや喜びを感じられないような活動ばかりだとしたら、英語嫌いが増えてしまうのも当然です。

5　無理なく発話につなげよう

こうしてみませんか

自信を持って気持ちを伝えたり発表したりするためには、前回に出合った言語材料であっても、復習としてたっぷりと聞く活動を持つこと、そして、無理なく自信を持って発話できるように、練習の機会を持つことが必要です。

とはいえ、単調なドリルや単なる暗記などでは、多くの場合、覚えるだけに終わってしまいます。覚えられたとしても、実際に使う場面がなければ意味がありません。習った表現を使いながら、「意味を考えながら、気持ちが伝わるように発話する」という、本来のことばのあり方を考えた指導が必要です。

英語のスピーチや発表を活動に取り入れようとする学校も多いと思います。その際には、短い簡単なやりとりなど、無理なくできる内容であること、子どもの個性やアイディアが生かせるような内容であること、意味がしっかりと伝わるように、感情を込めて行える内容にすることに注意する必要があります。

関連ページ　⇒　p. 74、p. 104

ここがポイント

- 子どもがカナをふるのは、長すぎる、難しすぎる、また、聞かせる活動が不足しているためです。
- スピーチや発表は、無理なくできる内容にしましょう。

30 ほら、ローマ字読みになっている
文字を見せる前に必要なこと

　ある学校の授業で、seaweed という単語を子どもたちが発話していました。ALT の先生は、語尾の [d] の音は非常に小さく、「シーウィー（ド）」のように発音しているのですが、子どもたちは「シーウィード」と最後の「ド」をはっきり発音しています。音声で聞かせる前に文字を見せてしまったために、文字を読んでしまっているのです。

考えてみましょう

　学生時代に何年も英語を学んだのに、会話の中から知っているはずの単語さえ聞き取ることができない、文字にして目で確かめないと意味がわからないという経験を、多くの日本人が持っているのではないでしょうか。これは、音声による指導が（特に入門期に）十分でなかったことに大きな原因があると言えるでしょう。音声と意味が結びつく前の段階で文字を与えてしまうと、文字がないと聞いてもわからない、文字がないと安心できない学習者になってしまいます。

　小学校においても、入門段階における音声指導を大切にしないと、これまでの日本の英語教育と同じ過ちを犯してしまいかねません。小学校では中学年でローマ字を習うため、この後で英語の文字を見ると、子どもたちはどうしてもローマ字読みをしてしまいがちです。

　授業の中で、英語と日本語との音声的な違いに注意を払いながら何度も聞くこと、その違いを意識しながらまねをしようとする習慣がついていないと、俗に言う「カタカナ発音」になります。特に、外来語としてなじみのある語について、この傾向が強くなります。

　文字があることが発話の助けになるという声も聞きます。確かに「とりあえず発話することはできる」かもしれません。しかし、文字に頼ることで、結果としてローマ字読み

になってしまいます。発話を急がせず、音声を聞いて理解する活動を十分に行うことが大切です。結果として母語話者の発音になることはなくても、最初からカタカナで発音しようとするのとは、大きな違いがあります。

> **こうして みませんか**
>
> 語彙の導入の際、先に絵や写真を見せて意味を与えてしまうと、子どもたちは日本語（カタカナになっている外来語）の発音を先に思い浮かべてしまい、英語そのものの音声的な特徴に注意が向かなくなってしまいます（例：tomato など）。その結果として、カタカナ発音から抜け切れないということが起こります。音声と文字を一緒に提示しても同じことが起こります。

そこで、まず、文字や絵を見せずに音声だけを聞かせ、それが何のことだと思うか、児童にたずねるような活動にします。このようにすると、自分たちの知っているカタカナ・外来語の音声との比較が起こり、英語の音声的特徴に気づくようになります。

もし発話の段階で、子どもの発音がカタカナ発音になっているとしたら、聞く際に音声に十分な注意が払われていなかったことがわかります。例えば、orange を日本語と同じように発話してしまう場合は、ゆっくりと orange と言いながら、アクセントが前の部分にあることに気づかせるようにします。正確に発音ができなくても、日本語と違う音声で発話しようとする、またアクセントが前の部分にあることを意識した発音に変わっていれば、その姿勢を評価するようにします。

関連ページ ⇒ p. 54、p. 112、p. 114、p. 116

ここがポイント

- 早い段階で文字を見せるとローマ字読みになってしまいます。最初は音声を十分に聞かせるようにしましょう。
- 外来語（カタカナ）になっている英語の音声をよく聞かせて、日本語との違いに気づかせる指導をしましょう。

One Point Seminar

カタカナ英語にならないための「聞く活動」の例

英語の音声的特徴に十分に注意させる「聞く活動」の例を紹介します。
(テーマ：なりたい職業)

(1) 職業を表すピクチャーカード10枚分を縮小コピーして、ワークシートとして配布します。

(2) ALTにランダムに職業の名前を言ってもらいます。子どもたちはワークシートを見ながら、当てはまるイラストに○をつけます。

(3) 次に、ピクチャーカードを黒板に貼りながら、ひとつずつ音声の確認をしていきます。子どもたちが外来語として知っている単語（例：「ナース」「ティーチャー」など）は、日本語との音声の違いによく注意して聞かせ、違いを発表させます。

(4) 音声の違いを確認した後、子どもに目を閉じさせ、ALTの後について聞こえた通りにまねをし、同時にその映像を浮かべるように伝えます。

5 無理なく発話につなげよう

(5) 次に、練習した語彙を用いて、"What do you want to be?" "I want to be a…"という短い会話を聞かせます。会話の中で聞こえた職業について、今度はワークシートの□にチェックをつけます。

(6) さらに、職業に関する語彙がたくさん出てくる歌を聞かせる活動や、その職業の人が使う道具やジェスチャーなどをヒントにした簡単な職業当てクイズなどを行い、子どもに単語で（文でなくてよい）答えてもらいます。

最後に、今日のめあてを確認して授業を終えます。会話の発話活動は次回以降とします。

(7) 次の時間の復習活動（聞く活動のバリエーション）

ピクチャーカードを見せずに単語の音声を聞かせます。どんなことを示す語句だったかを思い出させます。「映像を浮かべてごらん」と言うだけでよいのです。その後、ピクチャーカードで確認をします。

※単語の導入の際には、まず文字が入っていないピクチャーカード*を使用し（または文字は隠しておく）、ある程度慣れてきた時点で文字を見せていくようにします。子どもたちが文字を読んでしまいモデルを聞かないような場合は文字を使わないほうがよいでしょう。以下の提示方法の順序を参考にしてください。
 1) 音声だけを聞かせて、それが何かを考えさせる。
 2) ピクチャーカードの絵のみを見せて発話する。
 3) 慣れてきたら文字も見せて発話する。
 4) 復習として、文字のない面を見せ、発話できるか確認する。
  （発音できなければ、音声指導が不十分だったことがわかる）

関連ページ ⇒ p. 54、p. 82

* 参考教材例：成美堂『らくらくピクチャーカード・セット』（巻末ページ参照）

31 文字指導はいつから、どのように?
文字に頼りたいのは先生のほう

　学習指導要領では、文字の扱いについては、子どもの負担にならないよう、あくまでも音声指導の「補助」として扱うとされています。一方、「知的好奇心が高まる高学年には文字を」「文字が読めれば自信がつく」「子どもたちが文字を読みたがる」「中学校に上がるまでにアルファベットくらい覚えてきてほしい(中学校英語教員)」という声もあるようです。文字の扱いで知っておきたいこと、注意すべきことは何でしょうか。

考えてみましょう　英語圏の子どもたちは「フォニックス」と呼ばれる方法で「発音とつづり」の関係を学びます。これは、英語で「聞く・話す」力がある程度できあがっている母語話者や、移民として英語が使われる環境で暮らしている子どもたちへの指導法です。

　私たちが日本語を習得する過程を考えるとわかるように、文字(アルファベット)を書けるようになることや、発音とつづりの関係を覚えることは、音声に慣れた後でも十分に可能です。音声の形で身についた能力があるからこそ、文字への興味が高くなり、文字指導も効果が上がることが期待できるのです。したがって、どの段階で文字指導を始めるかということはとても重要になってきます。なお、新学習指導要領では、中学校に入ってから「音声とつづり」の関係を学ぶことが示されています。

　英語力をつけるには長い時間が必要となります。長いスパンで考えたとき、中学校以降で読み・書きの勉強が始まる前に必要なのは、十分に音声にふれさせることです。大切なのは、「高学年だから」文字指導を、ということではなく、「それまでにどのくらい、音声としての英語にふれてきたか」ということです。

> **こうして みませんか**
>
> 「子どもが文字をほしがる」ということも聞きますが、実は文字を使いたいのは先生のほうかもしれません。子どもが音声として記憶できる範囲を超えた活動まで求めるとしたら、文字があったほうが指導しやすいのは当然のことでしょう。

文字を読む（音声化する）能力は、言語を学ぶにあたって、どこかの段階で求められることは確かですが、どの段階でどのようにその機会を持つかは、よく考える必要があります。週に1回しかない小学校の「外国語活動」の時間にこのような段階まで求めると、児童への負荷が大きくなることが懸念されます。

中学校入学前に4割程度が英語嫌いになっているという調査もあります。なかには90%近い生徒が英語への苦手意識を持っているという結果が出た学校もあるようです。そのようなことにならないよう、丁寧に少しずつ進めることが大切です。

もちろん、必要以上に文字を排除する必要はありませんが、すでに述べてきたように、音声による導入が不十分な段階で文字を提示すると、ローマ字読みになりがちなので、提示の順序や時期には配慮が必要です。

関連ページ ⇒ p. 110、p. 223

> **ここがポイント**
>
> 👑 文字指導は、音声に慣れた後で十分に間に合います。
> 👑 文字導入の時期は「それまでどのくらい、音声としての英語に親しんできたか」を踏まえて考える必要があります。

One Point Seminar

語彙の楽しい増やし方

語彙が増えれば活動も楽しくなる

　子どもにとって興味のわく活動にするためにも、語彙を増やしておくことは大切です。ゲームなどの際には、知っている単語が多いほど楽しさも増すようです。そのためにも、多様な語彙にふれさせることが必要になってきます。子どもたちは、自分が知りたい単語や言いたい単語であれば、すぐに自分のものにするようです。もちろん、定着を図るほどの十分な時間はないと思われますが、せめてその授業の時間に使うことができるくらいには、慣れ親しめることをめざしたいものです。

　児童が外来語として知っている単語やフレーズは、発音の違いこそあれうまく活用すれば、語彙を増やすだけでなく、日本語と外国語との音声的な違いに気づくことにも役立ちます。バナナ［bənǽnə］のストレスの位置やハンバーガー［hǽmbə̀ːrgər］などは、日本語にはない音声の特徴に気づかせるのに利用しやすい例でしょう。先生がわざとカタカナ読みで「バナナ」「アップル」などと言い、子どもたちに英語らしい言い方で言い直させるような活動もできます。

外来語も使いよう

　以前、"penguin"を ALT に発話してもらい、子どもたちに、聞こえる通りにカタカナで表現させたことがあります。文字の大きさを変えたり、下線を引いたり、太字にしたりといろいろな工夫をしていましたが、結局、本当の英語の音とカタカナで表される音とは微妙な違いがあり、音声で覚えたほうが簡単だという結論に達しました。

　その後は、「カタカナにはご用心！」を合言葉に、外来語でなじみのある単語が出てくる度に、子どもたちは英語とカタカナの音の違いに注意するようになりました。

　また、「シュークリーム（もとはフランス語の chou a la crème で、クリーム入りキャベツの意。英語では cream puff。shoe cream は靴墨のこと）」のように、

カタカナとなった外来語の中にはまったく通じないものもあります。このような知識に高学年の児童は興味を示すようです。ちょっとした豆知識として教えてあげるぶんにはよいのではないでしょうか。ALTと関わりながら行う体験的な活動にできれば、より望ましいでしょう。

調べ学習と連携させる

　児童に、本来の英語の発音とは違うと思われる「あやしいカタカナ外来語」と思うものを挙げてもらい、ALTに質問するという活動にも、意欲的に取り組めるはずです。

　宿題で、家庭にあるものや日常の会話の中で、元が英語と思われる外来語を探してくるように指示しておきます。次の授業で、"Do you say ball pen?"など、実物や絵、写真を見せながらALTにたずねます。

　このような活動で、英語と日本語の音声的な特徴の違いだけではなく、英語だと思っていた外来語の起源が他の言語であることもわかり、日本語にはいろいろな言語からの借用語があることにも気づきます。このような「調べ学習」も取り入れながら、「総合的な学習の時間」とコラボレーションさせる授業づくりもできるとよいでしょう。このような活動を通して言語への関心が高まるはずです。

　小学校高学年であれば、すでに1500語くらいの外来語を知っていると言われています。これらの語彙を上手に利用して活動に役立てることもできるのではないでしょうか。

関連ページ　⇒　p. 112

REFLECTION
(ふりかえり・まとめ)

5章　無理なく発話につなげよう

★以下の項目についてどれくらい理解できているか、マーカーで塗ってみましょう。十分に理解できていない項目は読み直しておきましょう。

・飽きずに取り組めるドリル練習の工夫と活動例

| 0% | 25% | 50% | 75% | 100% |

・棒読みにならないための活動と指導の留意点

| 0% | 25% | 50% | 75% | 100% |

・自然なイントネーションで発話させるための留意点

| 0% | 25% | 50% | 75% | 100% |

・スピーチや発表活動の留意点

| 0% | 25% | 50% | 75% | 100% |

・ローマ字読みになる原因

| 0% | 25% | 50% | 75% | 100% |

・文字を見せる前に行いたい「聞く活動」の具体例

| 0% | 25% | 50% | 75% | 100% |

・文字の扱いについての留意点

| 0% | 25% | 50% | 75% | 100% |

・語彙を増やすための外来語の活用例

| 0% | 25% | 50% | 75% | 100% |

6章

活動を豊かにするポイント

担任だからできること

・外国語活動を小学校で行う意義はどこにあるのだろう。
・小学校で英語を教える必要があると思えない。
・担任が中心になることの必要性がわからない。
そんなふうに感じていませんか。

「担任が行うからこそ意義がある」「外国語活動を通してクラスが変わった」と言う先生もたくさんいます。小学校で行う意義のある外国語活動にするために、どんな視点が必要となるか、考えてみましょう。

32 買い物ゲームで育てる力とは
コミュニケーションを持つ必然性をつくりだそう

〰〰〰〰〰〰〰〰〰〰〰〰〰〰〰〰〰〰〰〰〰〰〰〰〰〰〰〰〰〰〰〰

客：Excuse me.	店員：Yes. May I help you?
客：How much?	店員：Two hundred yen.
客：I'll have this one.	店員：Thank you.
客：Good-bye.	店員：Have a good day!

　よくある「買い物ゲーム」のやりとりです。客になった子どもがお店の前（机の前）に立ち、店員役の子どもと顔を見合わせて笑っています。目が合っているなら本来は"Excuse me."も不要なはずですが、会話はすべて覚えた通りに進行していきます。

　この活動のポイントは値段を聞くことのようです。値段の聞き方と答え方を前の時間までに学び、本時で実際に使ってみるという計画になっています。問題は机に値札が置かれていることです。このため、わざわざ聞く必然性がありません。聞いたとしても、「買わない」という選択肢はないため、値段を聞く必要もないわけです。結局、考えたり、工夫したりする場面意識のない、機械的な発話の練習になってしまっていました。

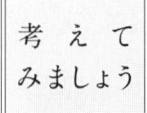

〰〰〰〰〰〰〰〰〰〰〰〰〰〰〰〰〰〰〰〰〰〰〰〰〰〰〰〰〰〰〰〰

考えてみましょう　まず、コミュニケーションには話す側と聞く側（書き手と読み手）が必要であり、両方が大切なはずですが、この活動では聞き手の存在は不要になっています。聞く必要がなければ、コミュニケーションとしては成り立ちません。

　また、活動における子どもたちを見ていると、「○○円稼いだ！」とお金がたまっていくのを楽しんでいるようです。買い物する側も、与えられたおもちゃのお金をただ使い切ることを楽しんでいるように見えます（そのうちカード払いにして"Your signature, please."とする学校まで出てくるのかもしれません）。

6 活動を豊かにするポイント

> **こうして
> みませんか**

商品の値札が見えるのなら、値段を聞く必要はありません。まず値札を置くのをやめ、値段を聞いてワークシートなどに書き取るような方法にするとよいでしょう。また、店によって値段が異なるようにすれば、「一番安い店を探して賢い買い物をする」というタスクにもなり、活動に広がりが生まれてきます。

全商品が売れた場合の総売上だけを決めておいて、それぞれの商品の値段を、各店で設定するようにしてもよいでしょう。客側は、何軒か回って、一番安い店から選んで購入することができるようにします。

この際、事前に、終了後に以下の3点を確認することを伝えます。

1) どれだけの商品が売れたのか。
2) どの店がまた行きたいお店か、それはなぜか。
3) 客側は賢い買い物ができたかどうか。

このようにすることで、店側には丁寧なコミュニケーションを意識した発話が生まれてきます。客側も、どの店で買うのが一番良いかをしっかり考えて活動するようになるはずですし、お金を使い切ることがねらいになることもありません。

例えば、閉店3分前からはディスカウントできるような活動にすると、子どもたちはより頭を働かせるようになり、さらに積極的な取り組みも期待できます。

関連ページ　⇒　p.92

> **ここが
> ポイント**
>
> 👑 コミュニケーションの必然性が起こる活動を考えましょう。
> 👑 よりよいコミュニケーションのあり方を考えさせる視点も取り入れてみましょう。

33 コミュニケーションの質を豊かに
一人ひとりと「きちんと関わる」ための手立てを

　多くの学校で、好きな食べ物、色、動物や誕生日など、習った表現を使って友達と英語のインタビューをし合う活動が見られます。活動の前に、先生が「アイコンタクトね！ ジェスチャーも忘れずに！」と指示を出します。しかし、ワークシートが配られ、相手から聞いた答えを書き込むことになっている場合には、相手の顔よりも、ワークシートに目線が落ちていることが少なくありません。同じ仲間を探すことが目的になっている場合には、子どもたちは早く仲間を探そうと、会話を途中で切り上げてしまって次の相手を探す様子も見られます。早く仕上げるために、「どっち？　こっち？」と、ワークシートに描かれた絵を指差しながら、日本語でやりとりを始める子どもも出てきます。「友達と関わる」ことが授業の目標として指導案に掲げられているにもかかわらず、一人ひとりを大切にしない活動になってしまっているのです。

考えてみましょう

　「ことば」は人と人をつなぐ道具です。相手意識を持ち、相手の話に耳を傾けて聞いたり、反応したり、必要なことばを渡したりすることで相手との関係を築くことができるのです。
　相手の発話に耳を傾けさせるには、まず、聞いてみたい、知りたいと思える内容にする必要があります。また、ワークシートの完成を競わせるようにすると、日本語になったり、コミュニケーションがいいかげんになったりしてしまうのも無理はありません。。
　「インタビュー活動を行う」ことが大切なのではありません。「どのようなコミュニケーションをさせたいか」を考え、そのために必要な手立てを考えることが必要です。

6　活動を豊かにするポイント

こうしてみませんか

　ワークシートを使う場合には、記入する際のルールをしっかりと決めておくことが必要です。例えば、「答えを聞いた後で記入すること」とします。また、時間をたっぷりとり、「急がずに、一人ひとりとしっかりと丁寧な会話をしてくることが大切」ということも確認しておきます。人と関わるときに必要なマナーや、Excuse me./Hello./Hi./Thank you./See you. などのことばの使用も常に習慣づけるようにします。

　また、活動が終わった後で、子どもたちが集めた情報を使って活動を行うことも良い動機づけになります。そのことを事前に伝え、友達としっかりと関わってくるように伝えておくとよいでしょう。

　例えば、先生が事前に子どもたちのプロフィールを集めておきます。そして、友達どうしで好きなスポーツや食べ物、誕生日を聞く活動の後に、Guess who she/he is. (この人は誰でしょう) のクイズを行います。相手ときちんと関わり、話した内容をある程度覚えておけるように、インタビューする相手の数も5人程度にしぼるようにします。

　クイズでは、"She likes dancing. She likes mangoes. Her birthday is on July 18th." のように先生が紹介します。子どもたちには、最初はワークシートを見ないで答えてもらい、次はワークシートを見て答えてよいことにします。しっかりと友達と関わってきていれば、聞いた内容を覚えているはずです。

　また、聞いてきた情報からクラスの好みの傾向等を表やグラフにするという手もあります。ALTに伝えることを単元の最後のまとめとして、発表活動にしてもよいでしょう。

　　　　　　　関連ページ　⇒　p. 38、p. 40、p. 125、p. 146、p. 213

ここがポイント

- 活動を急がせると、関わりは不十分になり、コミュニケーションはおざなりになります。
- 関わる活動をするのであれば、一人ひとりときちんと関われるような内容、手立てを考えましょう。

One Point Seminar

子どもが英語を使わなくなる理由

　英語の活動を行うときに、「子どもが日本語を使ってしまう」という悩みがあると思います。日本の学校・教室においては、英語を使用する必然性はほとんどなく、日本語で通じる相手にわざわざ英語を使わなければならないのは確かにおかしな話です。

　この矛盾への抵抗が、活動の際に子どもたちが日本語を使用してしまうという形で表れてきます。ゲームが楽しければ楽しいほど、子どもたちにとっては、英語を使うことがめんどうになってしまうからです。特に、活動において新しい情報のやりとりが少なく、「早さや、こなした数を競う」ゲームにすると、この傾向はますます強くなります。

　このような結果にならないためには、英語を「ことば」として使用させる手立てを考える必要があると同時に、ふりかえりも大切になります。授業の最後に、児童がちゃんと英語を使いながら相手の話を聞き、自己表現をしていたことをほめたり、活動の前や活動中に、どなったり早口で適当に行ったりすることを容認せず、「ことば」として使用することをうながす指導を続けるようにします。何が大切か、何が求められているのかを明確に伝えることが必要です。

　児童のコミュニケーション活動への姿勢・態度を育むためには、自己評価表の活用が考えられます。そして、1年間を通して、自己評価表や使用したワークシートなどをポートフォリオの形にまとめるようにします。

　短期間で大きな成長は望めません。子どもたちが学習の過程を残すことで、少なくとも自分の学習の軌跡を確認することができます。同時に、先生がこれを絶対評価の参考として利用することも可能になるのです。

関連ページ　⇒　1章、9章

アイコンタクトが自然に生まれる手立てを

　「アイコンタクト」を外国語活動の合言葉にしている学校はたくさんあるようです。しかし、活動中に先生がいつも「アイコンタクト！」と叫ばなくてはいけないのであれば、どこか手立てが間違っていると考えられます。自然にアイコンタクトが起こるような活動や工夫をすることが先生の役割ではないでしょうか。

　例えば、ペアやグループの活動で、カードを手に持って行うような場合には、カードを顔の高さ近くまで上げさせる方法もあります。聞いたことをワークシートに記入する活動では、目線はどうしても下がってしまいますが、首から掛けるタイプの画板を各自に持たせるようにすると、視線を下げずにインタビューを行うことがしやすくなります。

　また、隣の友達と協力して行う活動にしたり、お互いの好みなどを予想する活動をしたのちに会話をさせたり、ワークシートに直接関係しない質問や会話も行うことを課すと、自然に目が合い、笑顔が生まれることが起こります。このような活動の工夫が求められます。

　そもそも、目と目を合わせるときには、その状況や場面、相手との関係、伝えたい気持ちによって、アイコンタクトの質もさまざまなものになるはずです。形だけの「アイコンタクト」ではなく、「伝えるための表情や表現を工夫する」ことが大切だと気づかせることがポイントです。

　Big Smile も同じことです。いつも笑っていなくても、子どもが真剣に考える活動があってもよいはずですし、活動の中で、自然に笑顔がこぼれるような活動を考えることが大切です。

関連ページ　⇒　p. 30、p. 44、p. 213

34 「競争」でなく「協力」を
楽しいゲームの落とし穴

「手を頭の上に置いて！ 先生が好きな果物を英語で言いますから、カードを取ってください。何枚取れるかがんばってみましょう。Are you ready? No.1. I like strawberries.」

子どもたちの大好きなカルタ取りゲームです。カードを取りたい児童は積極的にゲームに取り組みます。その点では、動機づけとしてこのようなゲームを用いることには意義があると言えそうです。ただし、英語の力だけで勝負がついてしまう活動であれば、たいていの場合、勝つ児童と負ける児童がいつも決まってしまいます。

さらに悪いことに、頭の上に手を置いていると、振り下ろした手が友達の手を叩いてしまったり、カードを取る際に友達の手を引っかいてしまったりすることもあります。痛い思いをした子や、あまりカードが取れない子は、早々にあきらめて参加しなくなったり、友達の手を叩くことをおもしろがったりする子まで出てきます。「俺が先に取った」「○○にぶたれた」と、グループの雰囲気も険悪に。班が7つも8つもあれば、先生の目は細部まで届きません。全体的には楽しそうに盛り上がっていますから、このような授業が一見成功しているように見えるのも怖いところです。

椅子取りゲームなども同様です。空いた椅子に何人もの子どもが突進するような活動は危険です。グループ対抗で、答えがわかった子どもがカードを取りに黒板にダッシュして、ぶつかり合うような活動も見られます。

考えて みましょう	子どもたちはゲームが好きです。ポイントを与えて競争を行うと、活動への集中力は確かに上がり、盛り上がりのある楽しい授業になっているようにも見えます。しかし、勝負が目的になると、とんでもない落とし穴に陥ってしまいます。

6 活動を豊かにするポイント

　子どもたちは「ちゃんと英語を聞こう、話そう」ではなく「勝つためにどうするか」「早く仕上げるにはどうするか」に集中してしまいます。これでは何の力を育てているのかわかりません。

　勝敗やごほうびのためや、楽しいからだけではなく、活動自体を「やってみたい」と思えるような内容にする工夫が必要です。競争だけでなく協力させることや、聞き取ることができたり、伝えることができたりすることで「達成感」を与えるような活動ができれば、さらなる学習の動機づけとなるはずです。

　クラスの規律がきちんとできていない場合、ゲームによって教室が無法地帯となることもあります。ルールを守ることもできない状態では、効果も期待できません。何の目的でその活動を行うのか、その目的をちゃんと果たせる環境や条件が整っているのかをチェックする必要があるのです。

こうしてみませんか

　左に挙げたような活動でも、「しっかり発話を聞いて、すばやく反応する」ことは確かに起こるわけですが、別の方法で同じ目的を達成することもできるはずです。カルタなら、「カードを取る」のではなく、「指先をそのカードの上にそっと置く」ルールにすることができるでしょう。これなら誰も痛い思いをすることなく、カードの取り合いも起こりません。

　あるいは、各自の手元に絵が描かれたワークシートを置かせて、先生の発話を聞いて指で指し、"Here."（あった）と言わせるような、ひとりで行う活動もできます。常にゲームや競争にするのでなく、友達と協力して進めるような「共同（協働）学習」の視点をぜひ持ってみてください。

〈アクティビティ例〉●協力リスニングゲーム（p.128）

関連ページ　⇒　p. 128、p. 210

ここがポイント

- 👑 同じ目的でも、さまざまな方法があります。いつも競争・勝負だけを動機づけにするのはやめましょう。
- 👑 ペア、グループで協力、助け合いの起こる活動をしてみましょう。

One Point Seminar

大切にしたい共同（協働）学習の視点

「友達と一緒に学び、学びの効果を一層高める学習方法」として、Cooperative Learning〔共同（協働）学習〕が知られています。学習効果だけでなく、学習への積極的な関わり、意欲の向上、自律的な学習者としての資質の向上、自分と異なる考え・人・文化への寛容性の向上など、多くのことが期待される学習法です。

友達と協力した経験とその喜びは、十分に学習の動機づけとなり、また学習効果を上げることにもつながります。「競争」ではなく「共同（協働）学習」の視点で活動の内容、教材開発、指導を考えることも、ぜひ心に留めておきたいポイントです。

「ことば・コミュニケーション教育」として、友達とのペアやグループでの活動が生まれやすい外国語活動だからこそ、他者と関わり協力する、共同（協働）学習としての意義ある活動をめざしたいものです。

「競争社会で生き残れる力を」と言う人もいますが、人の力を借り、協力しながら成功していくことも重要な一面です。友達と一緒に何かをなしとげた喜びや、友達とふれあって笑顔になる体験も、十分に学習の動機づけになるはずです。

ACTIVITY ●協力リスニングゲーム

1枚のワークシートを用いて、ひとりで、ペアでなど、形態を変えて行う活動例を紹介します。

(1) ひとりで聞く活動

（果物を表すことばを導入し、意味がわかり音声にも十分慣れた後に行います。）10枚の果物の絵が載っているワークシートを配布します。先生が好きな果物を"I like apples."のように英語で言います。子どもは聞こえた果

物の絵を指差し、"Here." と答えてから、絵に添えてある□にチェックをつけるように指示します。

　カルタゲームと同じように、英語を聞き取る活動ですが、全員が自分のペースでチェックを入れることができますし、先生はワークシートを見ることで、一人ひとりの理解度を把握することもできます。

(2) ペアで協力する活動

　次にペアになります。先生は好きな果物を2つ言います。児童は役割を決め、それぞれが1つずつ聞き取り、チェックを入れて答えを教え合います。選ぶ果物を4つにして、それぞれが2つずつ聞き取る活動にもできます。ふたりともチェックを入れられたら、一緒に手を挙げる形にしてもよいでしょう。

(3) 復習として発話につなげる

　次の時間には、復習として、同じワークシートを使って同様の活動を行います。今度は、聞こえた果物について、自分でも発話しながらチェックをつけていきます。慣れてきたら、"I like bananas." と、聞こえた英語をそのまま繰り返させてもよいでしょう。聞く活動を十分行ってから、発話活動に広げていきます。

関連ページ　⇒　p. 126、p. 146

35 同じ言語材料でもこんなに変わる
すべては教師の教育観次第

Go straight. Stop. Turn left. Turn right.

　これらの表現を扱った、ある学校の活動を見ました。児童がふたり目隠しをして、教室の端と端で互いに向かい合っています。その後ろには、それぞれのナビゲータ役の児童がいて、目隠しをした児童がどこに向かうべきか、後ろから英語で声をかけます。指示を受けた子どもは指示に従って右、左と教室内を歩き回り、最後には"Hit!"という指示を受け、手にした丸めた新聞紙で相手をたたく、というものです。子どもたちは大盛り上がりです。

　確かに目標とする言語材料を使った活動ではありますが、このような活動にする必要があるのか、たいへん疑問に感じました。

考えてみましょう

　外国語活動は「楽しくなくては」「体を動かし、大きな声が出ていなければ」という思い込みはまだあるようです。どんな子どもに育てたいのか、ことばとしての指導とはどういうことなのか、先生の教育観が活動にも表れます。

　同じ言語材料を使って、友達を協力しながら取り組める活動にできないか、子どもの思いや願いを誰かに伝える活動にできないかなど、いろいろな角度から取り組みを考えれば、小学生に合った活動がたくさんできるはずです。

こうしてみませんか

　同じ表現を使った活動でも、こんな内容にした学校もありました。ペアになり、ひとりが目隠しをします。もうひとりがペアの子どものひじを引いて、学校内を歩きます。階段の前に来たらStop. Watch your step.（止まって。足元に注意して。）Walk up the stairs.（階段を昇って。）のように英語を言いながら丁寧に案内をしていきます。

6 活動を豊かにするポイント

　筆者も以前、福祉教育との連携として、アイマスクと車いすを使い、子どもたちがペアで障害物を避けながら行うリレーを行ったことがあります。車いすに座った子どもが指示を出し、後ろで押す子どもにはアイマスクを着けてもらい、ぶつからないように、そっと少しずつ進んでいきます。スピードではなく正確さが重要です。完走したペアは、お互いの協力を讃え合いながら喜んでいました。

　同じ言語材料を使っても、このようにまったく違う活動が生まれます。先生方はどのような内容を選ぶでしょうか。

　「ふくわらい」の活動も、up/down/right/left の表現を学ぶときによく用いられています。big/small/short/long/ のような形容詞の活動のときに、人の顔や容姿が素材として用いられることもよくあるようです。子どもふたりを前に出して、〜 is tall. 〜 is small. とやるような活動はどうでしょうか。もしクラスに傷つくかもしれない子どもがいたら、そのような活動を先生は選ばないはずです。

　他教科で習っている内容を用いることで児童が興味を持つ教材はいくらでも作れるはずです。そしてそれをよく知っているのは先生方にほかなりません。

同じ言語材料でも、まったく違う活動になります。

関連ページ　⇒　p. 48、p. 126、p. 128

ここがポイント

👑 同じ言語材料を扱うのでも、先生の教育観によって活動は大きく異なるものになります。

36 望ましい学習形態を考える
一人ひとりに「参加している」実感を

　ある研究授業で、グループに分かれてリスニングの活動が行われました。ALTの発話を聞いて、関連するピクチャーカードを机の上に並べていくというものです。英語の内容が難しく、あるグループでは一番熱心に取り組んでいた児童が途中であきらめてしまいました。その後は、数名のわかる児童がリーダーになってカードを並べていますが、まったく参加できていない児童の姿も見られます。

　そこでALTがスピードを落として再度発話をし、担任が黒板に正解を並べていく形で答え合わせが行われました。しかし反応を示していたのは各グループのリーダーとなった児童だけでした。

考えてみましょう

　すべての教科・領域において、最終的には一人ひとりにきめ細やかな教育を提供することが求められます。研究発表であっても「難しそうに見え、見ばえの良い授業」ではなく、児童それぞれが関心・意欲を持って参加し、目標とする力が身につくような指導こそ大切にしたいものです。

　この授業は、内容が子どもの実態に合っていなかったことも問題ですが、グループ活動にしたことで、一部の子どもたちだけが参加して終わってしまったのがとても残念でした。

　授業形態は、活動内容や目的に合わせて、その目的を達成するのにふさわしい形態を選択することが必要になります。ペアやグループで作業をする利点は、友達と一緒に、友達のまねをしながら、あるいは背中を押してもらいながら前進できるという点ですが、反対に、一人ひとりの参加が積極的でなくなるのであれば、授業形態としてふさわしくないことになります。各自が参加しているという実感を持てるような方法にしないと、集中力が途切れてしまい、おしゃべりなどが始まるきっかけにもなります。

6 活動を豊かにするポイント

こうして
みませんか

　授業の形態は基本的には、「全体→グループ→ペア→個人」という流れで考えます。特に、表現に十分に慣れていない段階でひとりずつ発話させるような方法は控えるべきです。
　一方、活動の難易度は、「簡単にできるもの→少し工夫がいるもの→工夫・集中が必要となるもの」という流れで組み立てます。このように進めることで、不安や負荷を強く感じさせずに、各自が積極的に参加できる活動をつくることが可能となります。
　グループやペア活動で、友達と一緒に考える時間をつくりながらも、それぞれに役割を持たせたり、ペアで考えたアイディアをグループでシェアしたりと、各自が参加している実感を得られるように進める必要があります。
　ふだんの教育活動において、「共同（協働）学習」の習慣をつけるとともに、学級経営を通して「学びの共同体」に育てておくことが大切になります。
　また、クラスのいろいろな友達と関わることでこそ、コミュニケーションを持つことの楽しさや意義を見出すことができます。そこで、ペア活動やグループ活動の際には、メンバーが固定化しないよう、男女で組ませる、また、他教科ではあまり関わらないグループや班づくりで、多様な友達とふれあう機会をつくるよう心がけるとともに、協力し合うというルールを徹底させておくことも大切です。

関連ページ　⇒　p. 126、p. 128

ここがポイント

- 授業形態はその活動の目的に合わせてふさわしいものを選択しましょう。
- ペアでもグループでも、一人ひとりが目的を達成でき、「参加している」実感を持てるようにすることが大切です。

37 友達のことを知る活動を仕組む
心が動いて、活動が豊かになる

"Why?" "Because..." と原因や理由をはっきり述べることが、英語のコミュニケーションの基本であるとして、常に "Why?" とたずねる活動を行っている学校がありました。授業の初めのあいさつの時間に、"I'm hungry." "I'm sleepy." に対して "Why?" と聞く学校もありました。

しかし、こうして授業の流れをパターン化してしまった結果、子どもたちにとっては「本当に知りたいから聞く」のではなく、「機械的な問い返し」になってしまっている場合が見られます。

また、理由があっても、小学生が英語で答えるのは困難でしょう。「とにかくWhy と言うことが大切」といった傾向は残念に思えました。

考えてみましょう

相手の発話内容を聞き「えー、ほんと？ どうして？」という疑問が生まれてきた結果発せられた Why? と、毎回相手の発話に Why? と聞くのでは大きな違いがあります。

ある授業研究会で、『英語ノート1』の単元を使った授業紹介が行われました。「好きな漢字とその画数を書き、友達のものが自分と同じ画数の漢字だったらそれを書こう」というものです。やりとりは以下の通りです。

A: How many?
B: Three. How many?
A: Three.「川」（相手に見せる）
B:「上」（相手に見せて、相手の漢字をノートに写す）

この授業でたいへん興味深いことが起こりました。ひとりの児童が、好きな漢字に

「母」という字を選んで書いていたのです。クラスメイトは、「え～、何で?」とその理由を聞き始めました。その声は教室中に響き、参観者もこの児童が何と答えるのか、耳を澄ませました。

担任は、ALTに「理由を聞くとき、英語でなんて言うのですか?」とたずね、Why?を引き出します。これを数回繰り返し練習させた後、先ほどの児童にみんなで"Why?"と質問しました。「日本語で答えていいからね」という担任にうながされて、その子が答えたことばは「だって、産んでくれたんだもん」。

予期せぬ答えに一瞬の沈黙があり、「おぉ～」と感嘆の声が上がりました。この大人たちの反応に、子どもたちはがぜん自分がその漢字を選んだ理由を言いたくなったようです。互いに"Why?"と聞き合い、理由を聞いては、「へ～」「そうそう」「同じ～」と、喜々として伝え合う様子が見られ、まさに「関わり」が生まれる時間となりました。

> **こうしてみませんか**
>
> 「心が動く」ことで自ら発せられたことばは、誰かから「言いなさい、繰り返しなさい」と言われて発話するものとはまったく異なります。外国語活動において最も大切にしたいのは、子どもの心が動くことです。そのきっかけをつくり、耕していくのが担任の役割とも言えます。

この時間では、担任の先生が子どもの「何で?」という声をとらえ、「聞きたい」「知りたい」気持ちを引き出したからこその展開になりました。日ごろから子どもたちが「伝えたいこと、聞きたいこと」は何かを考えて活動に盛り込むことで、子どもたちの心が動くコミュニケーション活動が生まれるはずです。

関連ページ ⇒ p. 46、p. 136

ここがポイント
- 友達のことを知り、思いを伝え合う時間にしてみましょう。
- 子どもが心から「言いたくなる」「伝えたくなる」活動を考えてみましょう。

38 思いを伝える場づくりを
まずは心を耕すことから

　尾道市の日比崎小学校での実践です。年に1回の「尾道みなと祭り」で、踊りコンテストに参加した5年生の子どもたちに、帰国したALTの先生からビデオレターが届きました。「みなと祭りに参加したそうですね。みんなの踊りをぜひ見てみたいです」。担任の先生が「みんなの踊りを、ビデオレターにして送りたい人！」と声をかけると一斉に手が挙がりました。学級のみんなで意見を出し合って考えたフレーズ（"We tried our best. Please watch our dance." 等）に、子どもたちそれぞれが思いを込め、ジェスチャーや表情を工夫しながら、ビデオレターの作成にチャレンジしました。

考えてみましょう

　この活動にはいくつかのポイントがあります。
1) 聞く必然性：ALTの先生からの子どもたちへのメッセージなので、どんなことを言っているのか、聞こうとする気持ちが生まれること。
2) 伝えるための動機づけ：子どもたち自身が、コンテストでがんばった体験を題材として、伝えたい気持ちを起こさせたこと。
3) 英語を使う必然性：ALTの先生に自分たちのことを伝えるために、英語を使う必然性が生まれていること。
4) 伝えたい相手が明確であること：漠然とした誰かではなく、一緒に時間を過ごしたALTの先生だからこそ、どんなふうに伝えたらいいか、子どもたちがイメージを広げられること。

　このような取り組みは、毎日一緒に過ごし、子どもたちに起こっていることや思いを知っている担任の先生だからこそできることです。ALTとの出会いを一過性のものとするのではなく、大切な絆として育んでいるということにも、教育的な意味があると言

えるでしょう。「英語を伝える必然性のある対象」として、また、子どもたちが心を通わせ、関わる相手のひとりとして、このように ALT の先生が活躍する場を準備することが望ましいと言えます。

　もちろん、ビデオレターを送ってもらったり、作成したりすることには、準備のための時間も手間も必要です。しかし子どもたちにとって達成感のある、思い出に残る活動になることに間違いはありません。

| こうして みませんか |

　別の小学校の授業でのことです。クラスの中に、みんなの前では決して声を出さない女の子がいました。参観した授業では、担任の先生がいろいろな教材を準備し、細部にわたって、子どもたちの興味関心を高めるような工夫をしています。先生は袋の中に入ったおもちゃをちょっとずつ出して子どもたちに見せながら、"What's this?" と聞き、答えのわかった子どもが身を乗り出して "It's a lemon." などと答えます。するとその女の子も、それまでの無表情とはうって代わり、先生の話に興味を示しながら、唇を動かしていたのです。知らないうちに先生の質問に反応しているその姿を見たとき、私は外国語活動の可能性を感じました。

　外国語活動では、このようにたくさんの感動と出合うことができます。授業を通して子どもの「心を耕す」ことが、自分らしい表現につながっていくはずです。

　　　　関連ページ　⇒　p. 76、p. 78、p. 86、p. 138、p. 140、p. 194

ここがポイント

- 子どもたちに身近なテーマや他教科、年中行事との関連から、「伝えたい」気持ちを耕す活動を考えましょう。
- 「英語を伝える対象」かつ「心を通わせるひとり」として、ALT の先生の活躍を考えましょう。

REPORT 現場の取り組みから [3]

子どもたちの心が動く活動を考えたい
友達と関わり合う活動を大切に

銘苅和人（石垣市立白保小学校）

全人教育としての外国語活動をめざして

　白保小学校では、外国語活動を通して児童に育てたい力として、①「ことば」を他者とつながる道具として大切にする力、②相手の伝えたいことをよく聞き、理解しようとする力、③お互いの良さを認め合い、自分を認め、他者への関心を高める力、の3つを挙げています。
　平成21年度より、地域全体で金森強先生のご指導をいただきながら、「意味のある活動」「学び合いのある活動」「全人教育としての外国語活動」を目指し、全職員で取り組みを進めてきました。

外国語活動で大きく成長した子どもたち

　私のクラスには、友達との会話にも消極的で、人前で話をするのも苦手な児童が2名いました。そこで私は、外国語活動において、友達と関わる活動を意図的に増やし、自分のことや友達のことを伝え合う活動を取り入れるようにしました。すると、その子どもたちも、徐々に友達とコミュニケーションをとることができるようになってきました。
　彼らに劇的な変化が見られたのは1学期終わりの公開授業でのことです。この日、多くの子どもたちは、たくさんの先生方に授業を見てもらえるのを楽しみに、いつもどおりの明るさでした。しかし、人前で話すのが苦手なふたりは緊張した顔をしています。
　授業のテーマは「自分の誕生日を伝えよう」。授業のメインは、友達に誕生日をたずねながら、1月生まれから順番に並んでいく活動です。子どもたちは、大勢の先生方の前で、自分の誕生日をはっきり伝えることができていました。
　そして、気にかけていた子どもたちにも発表の順番が回ってきました。私の心配をよそに、なんとふたりは、50名を超える先生方の前で、自分の誕生日を伝えることができたのです。
　私はもちろんのこと、周りにいた子どもたちも驚きました。すると数名の子どもたちから、自然と拍手が出てきました。私はこのとき、鳥肌が立つほど感動し、外国語活動の大

切さを確信したのです。

自分自身を大切にし、他人を思いやる心を育てる

　授業の後半は、この2名の児童も他の子どもたちと変わらず、笑顔いっぱいに活動を続けていました。多くの人の前で発表できた喜び、みんなに認められたという体験が、彼らを積極的にさせていったようです。

　この授業の後も、外国語活動で、人と関わる活動、自分の意見を伝え合う活動を行いながら学級経営を進めていきました。すると、徐々にふたりとも、国語ではひとりで音読ができるようになり、学級の役割を決めるときも進んで手を挙げるようになりました。

　そして卒業式では、体育館いっぱいの人々を前に、自分の夢をしっかりと伝えることができました。その堂々とした姿からは、4月当初の面影は全く感じられませんでした。

　この1年間の実践を通して、私は改めて外国語活動の意義を学ぶことができました。それは、日本語ではないからこそ、みんなに一生懸命伝えよう、わかってもらおうという、積極的に聞く態度、話す態度が生まれるということ、そして、英語という「ことば」を「相手とコミュニケーションするための道具」として用いることで、人との協力や関わりを多く持てるようになり、自分自身を大切にし、他人を思いやる心も育てられるということです。

　私たちの地域では、平成21年度に「八重山地区小学校英語活動研究会」を立ち上げました。子どもたちに合った、地域の特色を入れた年間指導計画を作成していくことが目標です。これからも子どもたちと共に学びながら、小さな南の島の取り組みを発信できればと考えています。

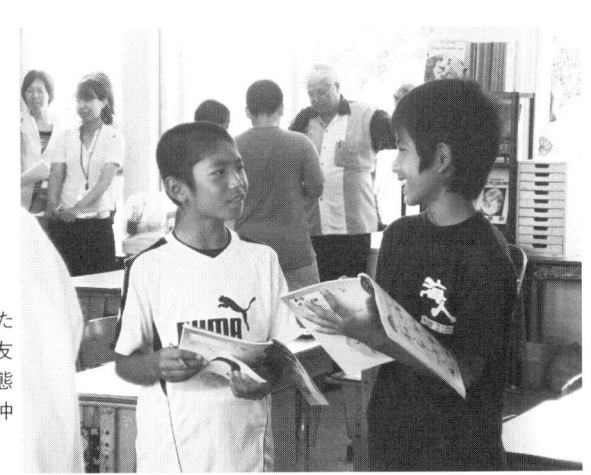

「関わり合い」を大切にした外国語活動をきっかけに、友達と進んで関わろうとする態度が育ち、クラスの男女の仲もよくなったという。

REPORT 現場の取り組みから [4]

子どもたちに育てたい
コミュニケーション能力を考えながら
外国語活動で一番大切にしたいこと

遠藤恵利子（仙台市立向山（むかいやま）小学校）

コミュニケーション能力は自立への第一歩

　外国語活動を始めて以来ずっと、「コミュニケーションって何だろう」「どんな子どもたちを育てたいのだろう」と考えながら取り組んできました。子どもたちのコミュニケーションを見ていると、「わからなくても聞き返さない」「笑ってごまかす」「リアクションが希薄」など、とても未熟であることを感じます。出てくることばは「別に……」「どっちでも……」、自分にも相手にも気持ちをあいまいにしたまま、相手がくみとってくれることを期待する姿も見られます。

　そんな子どもたちを前に、「相手ときちんと関わり合う」「しっかり意思表示する」「あきらめない、逃げない」人になってほしいという願いを強く持っています。そして、ふだんの学級経営はもちろん、「ことばの教育」として外国語活動でも、そういう力を育てていけないかと模索してきました。「自立した人間を育てる」という大きな目標を考えたとき、コミュニケーション能力を育てるということは、そのひとつの柱になっていくものと考えています。

「関わり合い」「伝え合う」ことを大切に

　子どもたちに育てたいコミュニケーション能力を考えると、外国語活動で大切にすべきことが見えてきます。授業においては、「英語表現が言える」「覚えた」「できる」ということよりも、「相手とつながる道具としてことばを使うこと」「状況に応じたコミュニケーションがとれること」「自分を表現すること」などを大切に、以下の5つの視点で授業づくりに取り組んできました。

◎ **授業づくりの視点「5つのエレメント」**
1）コミュニティづくりの視点
2）オリジナリティの視点
3）グループワーク（ペア）の視点
4）自己表現を高める視点
5）既習事項を生かす視点

6 活動を豊かにするポイント

子どもたちの変容に勇気をもらって

「関わり合い」を大切にする実践を積み重ねる中で、どの学校、どの学年でも同様に、手ごたえとして感じているのが子どもたちの変容です。ふだんほとんど自分から動かず、声を発することもない男子のAさんが、外国語活動では自ら立ってSilent Greeting（p. 44参照）をするようになりました。みんなと握手してあいさつが交わせるようになり、他の先生も「Aさんが笑顔になっている」と驚くほどの、めざましい変化です。彼の成長に外国語活動が大きな助けになっていることは間違いありません。

ある学年では、学習面で困難があった子どもが、英語にとても関心を示しました。周りの子どもも「英語は○○に聞けばわかる」というように、外国語活動の時間がその子の活躍の場になりました。このように、いろいろな子どもたちの活躍や評価の場面ができることも、外国語活動の大きな魅力だと思います。

また、みんなから避けられがちなある男の子がいました。その問題に気づいていた6年生のある女子が、外国語活動のペアワーク、グループワークを通して、状況をみんなで徐々に変えていこうと努力してくれました。1年間の最後には、その男の子はみんなと笑顔でペアを組めるようになっていました。

友達と関わり合い、友達のことを知ったり、新しい発見があったりするところも外国語活動ならではです。いつも一緒にいる担任、クラスメイトだからこそ起こる「Bさんは、やっぱりそうだよね」という共感の笑顔があり、逆に「えー、そうだったの？」という発見、驚きの瞬間もあります。

この春の卒業生と保護者から、以下のようなメッセージをもらいました。「外国語活動で、人の交流、男女の協力、友達を大切にすること、自信を持つことを学びました。前とは違う私になれたと思います」「先生に相手の目を見て話す大切さと、人とコミュニケーションをとる大切さを教わりました。外国語活動を通してぼくは人とコミュニケーションがとれるようになりました」。

外国語活動には、英語という道具を借りながら、「人と関わる力」「自分を表現する力」「力を合わせて取り組む力」など、「人として育つ」という小学校教育の土台の一部を担う可能性があると思っています。これからも子どもに寄り添いながら、さらに実践を重ねていきたいと思っています。

年に1度、複数のALTとコミュニケーションを楽しむEnglish Day。「英語が通じた」「通じ合えた」という貴重な体験になっている。

REPORT 現場の取り組みから [5]

特別支援学級における外国語活動の可能性
ICT を活用した実践事例とともに

中山　晃（愛媛大学英語教育センター准教授）

一人ひとりのニーズに合った外国語活動を

　外国語活動の必修化に伴い、特別支援学級での外国語活動のあり方にも注目が集まっています。「子どもたちの特性」と「外国語活動の特徴」を考えると、その可能性が見えてきます。以下に、子どもたちの特徴と課題、それに対して有効と考えられる外国語活動の特徴を挙げてみます。
1）興味・関心が狭い⇒ゲームなど楽しい活動が多い。
2）粗大運動*1 や協応動作*2 などが苦手⇒ダンスなど体を動かす活動が多い。
3）耳からの情報が入りにくい⇒視覚に訴える教材が多い。
4）気持ちを読み取るのが苦手⇒コミュニケーションの活動が多い。

　特別支援学級の子どもたちも、通常学級の児童と同様に、外国語を通してコミュニケーション能力の素地を養っていく必要があります。そのためには、一人ひとりの児童の実態を的確に把握し、それぞれのニーズに合った外国語活動を構成することが重要です。

ICT を生かした特別支援学級での実践例

　私は、「旭川英語教育ネットワーク」（AEEN）とともに、平成 22 年度に「特別支援教育における外国語活動」の研究チームを立ち上げ、ICT 利用の視点で研究*3 に取り組んできました。ICT 使用の利点としては、（1）より効果的に教材を提示できること（視覚優位の子たちへの理解支援）、（2）発話をうながせること（発話や意見を出す際の代替的な役割を果たしてくれるという発表支援）などが挙げられます。このふたつの実践例を以下に紹介します。

1）視覚優位な児童に効果的な ICT の活用
久保稔（中富良野町立中富良野小学校）
　特別支援学級に在籍する児童は、困り感（つまづき）や生活経験の不足などのさ

*1 全身を使って行う行動　*2 2つの動作を同時に行う運動　*3 財団法人パナソニック財団「平成22年度先導的実践研究助成」実践事業によるもの。愛媛大学英語教育センターHP⇒http://web.eec.ehime-u.ac.jp/

6 活動を豊かにするポイント

まざまな特性を持っています。その一方で、視覚情報を理解（処理）しやすかったり、興味のあることには集中力が持続したりするなど、正の特性もたくさん持ち合わせています。視覚優位の児童の場合、視覚に訴えるものがあるかないかで、集中力や学習内容の定着という点で大きな差が生まれます。

私は、プレゼンテーションソフトを使って自作したMissing Game、大画面のテレビに映し出しての絵本の読み聞かせなどを行いました。大きな画面や画像の動き、興味を引く効果音など、ICTの利点を効果的に用いることで、子どもたちの興味・関心が高まり、意欲的に活動する姿が見られました。日常の実践にICTというひと工夫を加えることで、子どもたちの良さを引き出すことができると思います。

本に興味を持たせる方法のひとつとして、大画面を使って絵本を映し出すことで、子どもたちの集中力の持続にも効果が見られた。

2）発話の代わりをしてくれる教材・教具の活用

中川麻衣子（上富良野町立東中小学校）

外国語活動というと「英語を発話させなきゃ」という思いに駆られますが、子どもたちの中には発話が困難な子もいます。本当はわかっていること、言いたいけどまだ声に出せないことを先生や友達に知ってもらったり、思っていることを表出したりするための手助けを行うことも大切です。

そこで、子どもたちの「代替コミュニケーション」として、発話の代わりを担ってくれるICT教材、音声ペン*を活用して実践に取り組みました。動物の絵が描かれたサイコロを転がして、出た目の動物の名前を子どもが発話し、カードを動物園のポスターに貼り付けていくという活動では、発話ができない場合でも、音声ペンが代わりに発話してくれます。また、専用の音の出る掛図*を用いることで、子どもたちどうしで動物の鳴き声クイズを出し合うなど、他者との関わりを持たせる活動もできました。音声ペンは、利用方法を工夫することで、さらに支援の可能性が生まれる教具だと思います。

電子黒板がない教室環境でも、手軽に音声が出せる音声ペン。子どもたちは特に効果音や動物の鳴き声を使った活動が大好き。

協力:旭川英語教育ネットワーク(AEEN) ⇒ http://www.aeen.jp/

* 成美堂「らくらくペン」「らくらく大型掛図」（巻末ページ参照）

One Point Seminar

子どもの個性が生きる
教材と活動づくり
～ Multiple Intelligences（多重知性）の考え方～

　認知・教育学の第一人者であるハワード・ガードナー教授（ハーバード大学）が提唱する Multiple Intelligences ［多重知性］というものがあります。われわれが何かについて学んだり理解したりする際、個人によって7通りの異なる知性の用い方があるというものです。

　ことばを使って学習したり記憶する際の「言語的知性」の豊かな子ども、頭の中にイメージを描いたり想像力を用いて視覚的または空間的にとらえる「視覚的・空間的知性」に長けた子ども、体の動きや運動による「身体的・運動性知性」の発達した子ども、耳から入ってくる情報、音楽、リズムによる「音楽的・リズム的知性」の豊かな子どもといったように、同じ学習においても学習者のアプローチの仕方はさまざまだということです。

　この「多重知性」の考え方のように、子どもによって、どの知性がその子の中でより中心的な役割を果たすかが違ってくるのであれば、ひとりずつ教え方や教材も変わる必要があるということになります。少なくとも「全員が同じことを同じように学ぶ」だけでは十分ではなく、一人ひとりの子どもを伸ばすような、多様な教材や指導法が必要になることがわかります。

　また、教室には音楽が好きな子、絵を描くのが好きで得意な子、野球のことなら誰にも負けない子、花の名前をよく知っている子など、いろいろな子どもがいます。英語を用いたコミュニケーション活動を実施するにしても、いろいろな子どもの得意分野が生きるような活動を考えたいものです。子どもの才能を引き出すことで、英語が好きになったり、より関心を持ってくれたりするでしょう。これは子どもたちを一番よく知っている担任の先生だからこそできる部分でもあります。

　ふだんから子どもたちの日常や興味のあること、得意なことにアンテナを立て、子どもへの理解と絆を深めたいものです。

関連ページ　⇒　p. 78

ひとつのメソッドにとらわれずに

　ナチュラル・アプローチ、コミュニカティブ・アプローチ、コンテント・ベースト・アプローチ、ホール・ランゲージ……。語学の習得に関わる教授法や考え方には、さまざまなものがあります。これらは時代とともに変化し、流行が起こり、第二言語習得や脳科学の研究が進むにつれて、新しいものも生まれてきています。「音読」や「多読」等も含め、児童英語教育においても、「○○メソッド」と呼ばれるものもさまざまあるようです。

　言語習得における大原則として、「聞く」ことから起こること、「話す」までには十分な聞くこと（インプット）が必要であること、発話の前に「インテイク」という「取り込み」が起こること、「中間言語」*の段階から、自分の「ことば」になるには、実際に「使う必要があること」など、いくつかの基礎基本はあります。しかし、「この教え方で、すべてがうまくいく」といった唯一正しい指導法はありません。実際には、状況や子どもたちの実態に応じて、さまざまな教材や指導法を柔軟に取り入れていくことが必要になります。

　何かひとつのメソッドや教材に従っていれば楽かもしれませんが、教育とはもっと深く豊かなものだと考えます。たったひとつの原則に沿ってつくるような授業ではなく、子どもたちの発達段階に応じたものであることに加えて、先生自身の感性や個性が生きる授業づくりであってほしいと思います。

＊外国語学習者の学習の過程で発生する言語

関連ページ　⇒　p. 84

One Point Seminar

心を育てるカウンセリングの視点

自己を表現し、認め合い、受け止め合う経験を

「育てるカウンセリング」と言われているカウンセリングの方法で、「構成的グループエンカウンター（Structured Group Encounter、以下 SGE）」があります。

自分の意見・考えを表現し、それが受け止められることで自分に自信を持つという点に関して、SGE と外国語活動とは接点があると考えています。現場の先生からも、そのような声をたくさん聞くようになりました。

例えば、"I like Akira because he is kind." と友達どうしで長所を探して英語で伝え合う活動では、自分の長所を友達が指摘してくれるわけですから、うれしい気持ちになるのも当然です。先生の後についてリピートするだけの発話とはその意義が異なるわけです。

このようなことに配慮した活動を仕組むことで、外国語活動を通して、他者への関心を育成しながら人とコミュニケーションをとる態度や、自尊感情、他者尊重の気持ちを育てることも期待できます。その際、友達との違い、多様性とともに、共通点に気づかせるような工夫も大切です。

自尊心を高める活動の条件

子どもたちの個性や得意な分野を引き出したり、子どもが認め合ったりできるような活動、子どもの個性を生かせるような教材を考えることも大切です。この視点を生かし、子どもの自尊心を高める活動の実施には、下のようないくつかの条件をそろえることが必要となります。

1) 発話の内容は自己表現であり、自分自身の気持ちを伝えている。
2) 相手が興味を持って聞いてくれる。
3) 英語のスキルだけではなく、伝えた内容や伝える態度が評価される。
4) 活動中に英語（発音など）の矯正はされない。（十分に練習をした上で

実施する。）
5) 自分のこと（発話内容）を誰かが記録・記憶したことが証明される。
6) 勝敗ではなく、お互いが協力して進める姿勢ができている。
7) 緊張せずにリラックスした雰囲気で実施できる。

ACTIVITY ● 3つのコーナー

　新学期、新しくクラスメイトとなった子どもたちのアイスブレーキングなどに有効な、仲間探しの活動です。

【進め方】
① 教室の3つのコーナーに Yes./ No./ I don't know. の大きめのカードを貼っておきます。
② 先生が"Do you like natto?"など質問を言います。児童は自分の答えに応じて各コーナーにいき、そのコーナーで出会った友達2人と英語であいさつし、ワークシートに名前を書き込んでいきます。同じ人の名前は書き込めないこととします。
③ 10題の質問に答える活動を通していろいろな人とふれあう機会とします。
④ 終了後、クラス全員の名前が輪になって並んでいる1枚の紙に、自分と共通点があった人を線でつないでいくと、たくさんの線ができます。このようにして、たくさんの友達との共通点を実感させることもできます。

　この活動は、自分の考えで行動する活動として、また、友達と共通点、相違点があることに気づかせる活動としても教育的意義があります。

関連ページ　⇒　p. 122、p. 209

REFLECTION（ふりかえり・まとめ）

6章　活動を豊かにするポイント

★以下の項目についてどれくらい理解できているか、マーカーで塗ってみましょう。十分に理解できていない項目は読み直しておきましょう。

・コミュニケーションの必然性のある活動の大切さ

| 0% | 25% | 50% | 75% | 100% |

・アイコンタクトが自然に生まれる手立ての必要性

| 0% | 25% | 50% | 75% | 100% |

・競争ではなく、協力の視点で活動を考える大切さ

| 0% | 25% | 50% | 75% | 100% |

・同じ言語材料でもよりよい活動にする視点

| 0% | 25% | 50% | 75% | 100% |

・各活動にふさわしい授業形態を選択する必要性

| 0% | 25% | 50% | 75% | 100% |

・友達のことを知る機会となる活動の大切さ

| 0% | 25% | 50% | 75% | 100% |

・子どもの「伝えたい」気持ちを生かした活動の考え方

| 0% | 25% | 50% | 75% | 100% |

・子どもの個性や得意分野を生かす授業づくりの視点

| 0% | 25% | 50% | 75% | 100% |

・自尊感情を育てる、カウンセリングの視点

| 0% | 25% | 50% | 75% | 100% |

7章

教材選びの知恵袋

歌・チャンツ*、視聴覚教材の選び方、使い方

・歌、チャンツ、踊りは毎時間の活動に欠かせない。
・英語の歌は、聞かせるだけでも意味がある。
・英語圏の子どもたちが使っている教材を使いたい。
こんなふうに思っていませんか。

児童の興味・関心をひきつけながら効果的に授業を進めるために不可欠なのが視聴覚教材です。それらを選ぶ際の留意点、また、歌やチャンツの選び方、使い方の注意点を考えます。

*一定のリズムに乗せて、単語やフレーズを言っていく指導や教材。

㊴ その選曲は先生の趣味ですか
せっかくなら共感できる歌を

　When I was young, I listened to the radio...♪　私と同じ年代の人にはなつかしい、カーペンターズの *Yesterday Once More* の出だしです。他にもビートルズやベイシティローラーズなど、いろいろな歌が小学校で使われているようです。しかしこの「若い頃、よくラジオを聞きました……」というような歌詞に子どもは共感できるのでしょうか。

　歌を歌う目的は何でしょう。英語の雰囲気づくりのため？　動機づけとして？　覚えさせたいフレーズや単語が入っているから？　英語圏の幼児向けの歌が高学年向けに使われていたり、ナーサリーライム*など、文化的・歴史的背景がわからないと、大人にも理解できそうにない内容のものも使われていたりします。

　ある学校では ALT（外国語指導助手）が黒板に歌詞を書き、日本人教師がその下にカタカナをふり、児童がノートに書き写してからその歌を歌うという授業を見たことがあります。意味もわからないままに、カタカナ（つまり日本語）で歌うことが、外国語活動としてふさわしいと言えるでしょうか。

考えて　音楽やリズムに合わせると、単語やフレーズを丸ごと覚えやすくみましょう　なることは、語学学習で歌やチャンツを使うメリットのひとつです。目標とする表現を何度も歌うことは、ドリル活動の代わりを果たすことになるのかもしれません。ただし、大切なのは、フレーズや単語の意味を理解した上で歌うようにすることです。どんな場面でどのように発話されるのかがわかって聞いたり歌ったりするのでなければ、意味のわからないお経を唱えるのと変わりません。

　カタカナでふりがなをふって歌わせるのでは、「難しい歌が歌えました」ということは言えても、時間がかかるだけであまり意味があるとは思えません。記憶には限界があ

*p. 60 参照

7 教材選びの知恵袋

りますから、文字を使用せずに歌詞を指導するのはたいへん難しいことなのです。

> **こうして みませんか**

歌を選ぶときには、子どもがよく知っている、あるいは歌いやすいメロディ、既習の単語やフレーズでほとんど構成されているものが良いでしょう。歌詞もシンプルで、同じフレーズが繰り返し出てくるものを選びます。また、現代の音楽を聞き慣れている子どもに合った曲調やアレンジであることもポイントになります。子どもたちも、自分の気持ちに合った歌や、お気に入りのメロディのものでなければ、好んで繰り返し歌うことはないでしょう。また、明るい気持ちや優しい気持ちになれる歌、夢や希望を持てる歌を教材として選びたいものです。

何度も聞く機会を持ち、ことばが自然に出てくるくらいにならないと、歌わせることには無理があります。歌わせる際には、ワンフレーズずつ止めてリピートさせるといった工夫も必要です。慣れてきたら、歌詞の一部を変えて、自己表現につながる発展的な活用ができれば、気持ちを込めて表現する機会にもなっていきます。

関連ページ ⇒ p.152

> **ここが ポイント**
> - せっかくなら、子どもが意味がわかり、心を込めて歌える歌を使いましょう。
> - 覚えるのがたいへんな歌、カタカナをふらないといけないような歌を授業で扱うのは無理があります。

One Point Seminar

歌を選ぶなら・使うなら

歌を使うメリットとは

　歌には学習への心理的バリアを引き下げる効果があります。そして、付随するメロディがあることで、語彙やフレーズを記憶しやすくなります。児童期の特徴として、英語を聞いて、聞いたまま丸ごとまねをすることへの抵抗が少ないことが挙げられます。歌を通じて繰り返し英語のフレーズを聞いたり、口ずさんだりすることで、語彙や構文を記憶するだけでなく、英語の音声的特徴に慣れながら、英語をまとまった意味の塊として聞き取る力も育っていくことが期待されます。

歌を選択する留意点

　教材として英語の歌を選ぶ際、英米の子どもたちが歌っている歌だから、ただそれだけでよいというわけではありません。外国語として英語にふれる学習者にとってふさわしい教材選びの留意点を見てみましょう。

◎よくない例：
・文化的背景の理解が難しい歌　・大人向けの歌（きれいなメロディでも内容理解が伴わない）　・長すぎる歌　・知っている単語やフレーズがほとんどない（歌詞が難しい）歌　・歌詞と振り付けに関連性がないもの　・自然な音声特徴が壊れた歌い方になっている歌　・イントネーションとあまりにも合わないメロディ　・早すぎて聞き取れない歌　・幼稚すぎる歌（英語圏の幼児向けのものや、幼すぎる手遊び歌）

◎よい例：
・短いフレーズで繰り返しが多い歌　・覚えやすいメロディの歌
・児童がすでに親しんでいる語彙や表現を用いた、理解できる歌
・日本の子ども向けに教材として作られた歌

◎より望ましい例＊：
・後について繰り返し練習ができるような教材

＊参考教材例：成美堂『歌っておぼえる　らくらくイングリッシュ』（巻末ページ参照）

- 発音の特徴などががはっきり聞こえる歌
- 児童の年齢に応じた内容や音楽
- 多様な文化圏の音階なども利用した歌（西洋音階に限らず）
- 歌詞の一部を変えて自己表現につなげられるような構成の歌

「歌わせる歌」「聞かせる歌」を分けて使う

　授業で歌を使うときは、にぎやかな曲と、静かな曲とを使い分けることも必要です。体を動かす活動をした後は、スローテンポの歌を聞かせたり歌わせたりすることで、子どもの心を落ち着かせることもできます。また、雰囲気づくりやウォーミングアップとしてだけでなく、語彙や簡単な英語の構文に慣れ、聞く力や話す力を育てるための教材として指導計画の中で意識的に活用することが望ましいと言えます。

　聞いてわかるレベルで留めておくものと、発話・歌うところまで求めるものとは明確に分けておく必要があります。聞く活動としては、歌詞の順番通りにピクチャーカードを並べたり、ワークシートに聞こえた内容と合う部分の□にチェックを入れる、また、内容に合った動作をするような活動が考えられます。聞くことで児童が自然に口ずさむようになってきたら、歌えるところだけ歌ってみるのもよいでしょう。歌詞やメロディに慣れるためには、朝の会や給食の時間の放送等を通して、何回も聞く機会を与えることが必要です。そうすることで、低学年や中学年の子どもたちにとっても、高学年がどんなことを勉強しているのかを知るよい機会になるでしょう。

　歌うための歌は、意味を考えながら聞かせた後に、何度か時間を置いて聞く機会を持ちます。徐々に口ずさめるようになった段階で初めて歌わせることが可能となります。聞かせてすぐその日に歌わせるのではなく、子どもが自然に歌おうとするのを待つことが大切です。

関連ページ　⇒　p.150

40 チャンツは確かに楽しいけれど……
不自然なイントネーションになっていませんか

『英語ノート2』Lesson 6の授業で、キーフレーズとなる Where do you want to go? の発話の練習が行われていました。先生の手拍子に合わせて子どもたちが大きな声で練習をしています。"Where do you want to go? ♪ Where do you want to go?♪"数年前に流行った「でもそんなの関係ねえ〜」と同じリズムとイントネーションです。児童はリズムに合わせて体を動かしながら楽しそうに取り組んでいます。

このフレーズに慣れた後、友達どうし「旅行してみたい国を聞く」活動が行われました。予想どおり、クラス全員が先ほどの不自然な言い方で"Where do you want to go?"と聞き合っています。全員がリズムをつけて「どこいきたいの〜？♪」と言っているのです。

しかし先生も子どもたちも、この言い方が不自然だと気づいていません。チャンツも使い方によっては問題がありそうです。

考えてみましょう

外国語の単語やフレーズは、何回も注意深く聞き、繰り返して発話しないと身につきません。単にALTやCDの後について繰り返して練習するだけでは、子どもでもすぐに飽きてしまうでしょう。そのため、チャンツが小学校で多用されるのも理解できます。

ただし、チャンツや歌の中には、もとの言い方から崩れたものもあります。繰り返し言わせて、おかしな言い方が定着してしまうのであればマイナスでしかありません。チャンツや歌を選ぶ際にも気をつけるとともに、チャンツを使って指導した後には、その2倍くらいは自然なイントネーションで言う練習を行う必要があります。

7 教材選びの知恵袋

こうして みませんか

　まずは、使用するチャンツや歌が英語の表現として自然かどうかをチェックしましょう。ALT に、自然かどうか聞くだけで簡単にわかるものもあるはずです。ただし、残念ながら ALT 自身も、子どもが楽しそうに取り組んでいる場合、気づかずに不自然なチャンツを発話させていることもありますから、慎重にチェックしなければなりません。

　また、毎時間のパターンとしてチャンツを使っている学校もありますが、同じ内容で何度も練習を繰り返しさせられ、子どもが疲れ果てている様子を見ることがあります。チャンツは、発話させるためだけではなく、聞く活動にも活用することができます。子どもたちの手元にワークシートを用意し、先生や ALT がリズムに合わせて発話するのを聞きながらあてはまる絵を指差したり、チャンツとして録音されているものを聞かせながら、ピクチャーカードを並べ替えるといった活動ができます。

　さらに、自分の好きなものや選んだものをチャンツに合わせて言っていくなど、子どもの自己表現にも活用できれば、より意味のある使い方になっていくでしょう。

聞く活動としても、チャンツを有効利用してみましょう。

関連ページ ⇒ p. 34

ここがポイント

- 👑 チャンツだから何でもよいわけではありません。**不自然なイントネーションにならないよう注意しましょう。**
- 👑 チャンツは発話だけでなく聞く活動にも使ってみましょう。

41 絵本や紙芝居も使い方次第
子どもは本当に耳を傾けていますか

ある授業の最後に、その日の活動とまったく関係のない紙芝居が披露されました。先生が紙芝居の裏に書かれた英語をすらすらと音読していきます。子どもたちは絵の情報だけを頼りに、理解を試みようとしています。

教室の後ろの子どもたちは、絵がよく見えないせいか、そのうち自分の世界に入って手遊びを始めてしまいました。

考えてみましょう

紙芝居や絵本などは、視覚情報（絵）もあり、簡単な内容の話が多いので、子どもは簡単に理解できるものと思うかもしれません。しかし、絵本でも紙芝居でも多くの場合、使用されている英語は子どもたちにとってはなじみのないことばです。まずは視覚情報によって的確にその内容が推測できないようなものであれば、子どもにその内容が十分理解できるはずがありません。

絵本を見せると子どもたち（特に幼児〜中学年）は目をきらきらさせて真剣に見入っています。でもそれは、必ずしもことばを理解しているわけではなく、絵を見て勝手な想像をしているだけという場合もあるはずです。大きな絵本を使っても、先生の指す絵がよく見えなければ集中できなくなってしまうでしょう。高学年であれば、子どもっぽいイラストだと、興味を持たせることも難しいはずです。

ちなみに中国語で絵本や紙芝居を読んでも、子どもたちは同じように絵を楽しみながら、とりあえずはお話を聞くはずです。しかしそれで「中国語を聞いて内容が理解できた」ことにはならないでしょう。例えばタイ語の紙芝居が読まれたとして、先生方はどれくらい理解できるでしょうか。絵自体もタイ独特の色使いや形で描かれています。タイに詳しい人には、絵からわかることもたくさんあるかもしれませんが、そうでない人には得られる情報にも限りがあるはずです。また、知っている語彙やフレーズが

多くなければ、話のほとんどを理解できないでしょう。音声を聞いて理解できなければ、「英語のシャワー」と同じであまり意味はありません。わからない内容を聞き続けることは、子どもでも大人でも苦痛のはずです。

　これらの教材を上手に使用する先生に共通しているのは、高いプレゼンテーション能力と表現力です。聞き手の理解をうながすための間を与え、言い換え、確認のための質問をするなどの工夫で絵本や紙芝居の世界に子どもを誘います。表情やジェスチャーたっぷりに、子どもたちの知っている単語とフレーズを使って語りかけ、描かれている絵を使って子どもとインタラクション（相互のやりとり、ふれあい）をとることが主眼となるのです。

　絵本の効用は、母語で考えればわかるように読み手と聞き手が豊かなインタラクションを持てるからこそ生まれるものです。「絵本や紙芝居を使っていれば、それだけで良い授業ができている」ということではありません。

> こうして
> みませんか

　絵本や紙芝居を使う場合には「意味がわかる」工夫が必要です。そのためには、先に同じ話を日本語の絵本で読んでいて子どもが話の中身を知っているものにするのがひとつの方法です。
　また、大まかな内容を理解するために必要な単語やフレーズを、前もってあるいは読みながら子どもに与えるようにします。その上で、ゆっくり、インタラクションを持ちながら読み聞かせるなら、意味のあることばとして英語を聞く機会となるでしょう。

　また、その日の活動とまったく関係のない絵本や紙芝居を使うよりも、できるだけその単元と関連のある素材を選べるとよいでしょう。

関連ページ　⇒　p. 24、p. 26

ここがポイント

- 👑 絵本に見入っているからといって、英語を聞いているとは限りません。
- 👑 絵本、紙芝居の指導には、インタラクションが起こる高度な技術が必要です。

One Point Seminar

視聴覚教材の選び方

ビデオ・DVD 教材の選び方

　ビデオや DVD 教材は、話者の表情やジェスチャーなどから、状況やおよその意味は伝わるという利点があり、上手に活用したい教材のひとつです。以下のようなことに注意して選ぶことが必要です。
1) 状況設定がわかりやすいかどうか。
2) 繰り返しは多いか。
3) 音声が示す内容を、子どもがきちんと理解できるか。
4) 理解をさまたげる不必要な情報がないか（必要がないのに後ろに人が入っていたり、意味もないジェスチャーがついていたりしないか、情報が多すぎないか）。

　初めて外国語にふれる児童への配慮が十分になされているかがポイントです。自分が知らない言語のビデオを見るつもりで確認をしてみましょう。音声が示す内容を子どもがしっかりと理解できるつくりになっていなければ、雑音と同じです。子どもは大人に比べ、知識、体験が少ないだけに、映像だけで意味を推測するのは難しい場合も多くなります。

瞬間教材チェック方法

　ビデオや DVD 教材の中には、画面の下に英語が字幕（テロップ）として入っているものがあります。大人は無意識にこの字幕情報を利用しながら内容を理解しますが、初めて英語を学ぶ子どもたちには、それはできません。大人には簡単に思えても、子どもたちにはそうでない場合が多いのです。また、文字に注目してしまい、せっかくの映像や音声に注意しなくなってしまうことも起こってきます。

　また、よく見ると、どの部分の映像が英語のどの音声と合っているのかわからないものもあります。あまり関係のない映像まで画面に入っていたり、目に入る情報量が多すぎたりすることも望ましくありません。そこで、以下のようにすると、教材の質を判断することができます。

1) まず、ビデオの音声を聞こえないようにします。
2) 画面上に出てくる英語（字幕など）を紙などで隠し、文字情報が見えないようにします。
3) この状態で映像だけを見て、画面からどんな内容が伝わるのか、考えられるすべてのことを書き出してみます。
4) その後、実際に音声を聞きながらビデオを見ます。

　これにより、不必要な視覚情報がどれだけ入っているかがわかります。

　また、ビデオを活用するときも、単に見せっぱなしにするような授業ではいけません。必要なところでストップして、子どもの理解を確認したり、問いかけをしたりすること、また、繰り返し聞く、ビデオの後について発話するなどの機会を教室でつくり出すことが必要になります。

英語圏の教材・指導は優れているか

　「アメリカの子どもたちと同じように学べる」などと言われて心が動くとしたら、英語・英米へのコンプレックスの表れかもしれません。

　英語圏の教材も指導方法も、もともと英語を話す環境にいる子どもたち、あるいは英語圏で暮らす移民の子どもたちのものがほとんどです。日本の環境にいる子どもは、英語・英語圏の文化を共有していないため、理解することが難しい内容もあるはずです。日本の子どもたちには、やはりそのための教材や指導が必要だと考えます。

　例えば、英語圏の歌やゲームをそのまままねするのでなく、日本の子どもたちが知っているゲームや他教科に関連する既習の内容を教材に盛り込んでいくことで、理解しやすく、児童が興味を示す内容にすることができるでしょう。

　英語圏の教材そのものが「異文化にふれる」チャンスであることは事実ですが、日本の子どもたちが理解しやすいようなアレンジや使い方を工夫していくことも考える必要があります。

関連ページ　⇒　p. 166

42 デジタル万能時代を疑ってみる
必要に応じてさまざまなメディアを活用しよう

　ある小学校で、電子黒板を使った授業が行われていました。、『英語ノート』に準拠したソフトを用いて、単語を提示するのに使われたのですが、せっかく3Fまで運んできたものの、使用したのはわずか数分間だけでした。ふだんは活用しておらず、行政の視察のために急遽(きょ)使用することになったそうです。
　使用側に、その機能を十分発揮させられる技術がないと、百万円近くもする電子黒板も宝の持ちぐされです。市民の税金で購入したものがホコリをかぶっているようでは意味がありません。
　1台の電子黒板を共有して使っている学校が多いようですが、すべてのクラスに設置されない限り、どの先生も使いこなせるようにはならないでしょう。かつてLL教室が一世を風靡(び)しましたが、結局十分に活用されなかったことが思い出されます。授業で使用できるソフトの充実も大きな課題です。

考えてみましょう

　ALTの来校が少ない地域では、音声が出せる電子黒板の活用も期待されていますが、電子黒板がいくら優秀であっても、決して万能というわけではありません。移動、設置、配線で、10分の休み時間は終わってしまいます。高機能、多機能であっても、現場にとって使いやすいものでなければ広がっていきません。電子黒板でできることは、実は板書で済む、あるいは板書のほうが指導しやすいこともあるでしょう。
　電子黒板には魅力もありますが、操作が複雑であること、また、すべてが平板なモニターの中だけで完結してしまう欠点もあります。一方、先生が手にして見せる実物を初め、紙のピクチャーカード、手作りの教材には、質感や匂いなど、子どもが五感を使ってふれられるアナログならではの魅力があります。

7 教材選びの知恵袋

> **こうして
> みませんか**

　授業においては、ひとつのメディアをずっと使うのではなく、さまざまなメディアを使うようにするとよいでしょう。集中力の持続を考えると、15分に1回程度はメディアを変えることが必要です。例えば、10～15分間電子黒板を用いたら、次の15分くらいはワークシートを使った活動に、次の15分はCDやDVD、あるいは友達どうしの会話活動などにすると、単調な授業にならずに済みます。複数のメディアの効果的な使用は授業を活性化させることでしょう。

　電子黒板だけでなく、教室に鎮座する大型テレビに教材提示装置など、多くの機器、ICT教材が教室に整備されるようになっています。電子黒板も、より簡便なものも出てきているようです。また、音声モデルの提示には、CDに代わる新しいメディアとして、出したい音声を手軽に何度でも提示できる「音声ペン*」のような教具も役立つでしょう。先生方には、それぞれの機器の長所と短所を知り、必要な場面に応じて、最もふさわしい方法で指導できる力が必要です。また、仮にその時間に予定していた機器が突然使えなくなっても、あわてずに違う方法で指導ができるか、代案を考えておくことも必要です。

　先生手作りのアナログ教材の良さも忘れずにいてください。児童が他教科で制作した作品、上級生が描いた絵やポスターなど、工夫次第で学校にあるいろいろなものが魅力的な教材になります。自分たちが作成に関わったぶん、興味・関心も高くなるはずです。

関連ページ　⇒　p. 142、p. 164

> **ここが
> ポイント**
>
> 👑 デジタルだから万能というわけではありません。
> 👑 アナログを含め、さまざまなメディアを活用して授業を行えるようにしましょう。

*参考教具例：成美堂『らくらくペン』（巻末ページ参照）

43 英語劇、セリフのない子はいませんか
子どもたちがその劇で伝えたいことは何ですか

　いろいろな学校で、6年生が取り組む英語劇を見せてもらいます。しかし残念ながら、棒読みの発話の連続であることが多いのが現状です。場面や話者の気持ちが伝わらない、あるいは大きな声で言うため文脈にそぐわないセリフに聞こえてしまうこともあります。

　ある学校では、英語が得意な児童が主役を演じ、長いセリフを担当します。一方、笠地蔵の地蔵役の子どもは、セリフさえもありませんでした（それでも地蔵としてピクリとも動かず、自分の役をまっとうしていましたが……）。「その他大勢」の子どもは、みんなの声にまぎれて発話します。保護者がビデオを撮っても、その声は判別できないのではないでしょうか。

　見ている側に伝わってくるのは、「主役を演じることができる、英語が得意な児童がいること」くらいです。英語劇を行う必要はあるのでしょうか。行うとしたらどのようにしたらよいのでしょうか。

考えてみましょう

　劇のメリットは「ストーリーがあること」です。文脈の中でのそれぞれの登場人物の特徴や個性があり、場面や相手との関係、話者の感情や意思にふさわしいセリフが生まれてきます。当然、顔の表情、ジェスチャー、姿勢、相手との距離、声のトーンなど、ノンバーバルな特徴をフルに活用することが生じてくるのです。

　劇を行う場合は、子どもたちにストーリーを理解させ、劇全体として伝えたいことをしっかりと考えさせることが大切です。同時に、それぞれの役の特徴やセリフの意味や重要性をわからせることによって、演じ方、セリフが生きたものとなってくるはずです。

　また、全員が活躍する機会を持てるようにすべきでしょう。数名の児童だけが最初から最後まで主役を演じる必要はないはずです。それぞれが自分に与えられた役

7 教材選びの知恵袋

割を十分果たせたかどうか、上手に表現できていたかどうかを評価してあげたいものです。

> **こうして
> みませんか**

場面を設定し、話し手の気持ちを込めたフレーズを練習させるには、劇はもってこいの活動です。ただし、長いセリフを覚えたり大がかりなセッティングや小道具などの準備をしたりするのはたいへんです。

提案したいのは、短いスキットコンテストです。既習の表現を使ってそれぞれのグループで内容を考え、どのグループの演技や内容が一番良いかを、チェックシートで評価し合うようにします。

決まった物語を使うのではなく、自己表現の一環として、自分たちでストーリーを変えてみるのもよいでしょう。みんなが知っているキャラクターやマンガを使って、「サザエさん一家の朝食風景」「ドラえもん：ペットショップの出来事」など、何かテーマを与えて、グループでスキットをつくってみるのも楽しいはずです。シナリオは日本語で考えてよいこととし、書かなくても覚えられるような簡単な内容にすることにします。

ALTとの打ち合わせに十分な時間が取れる学校であれば、先生とALTで事前に打ち合せをし、子どものスキットに特別参加してもらうこともできます。スキットの中でALTが既習表現を用いた簡単な質問をし、子どもはそれにアドリブで答えるという内容を盛り込むこともできるでしょう。

発表を異学年の前で行えば、高学年になったら行う「外国語活動」の取り組みを知らせる機会となります。保護者などへの発表の場としてもよいでしょう。

関連ページ ⇒ p. 32、p. 164、p. 200

ここがポイント

- 👑 劇を行うなら、すべての子どもが活躍できる内容を考えましょう。
- 👑 短くても自分たちのアイディアが入ったスキットづくりをしてみましょう。

One Point Seminar

オリジナル教材開発の勧め

育てたうさぎや朝顔も教材に

　学校、子どもたちの住む街、地域の方々、自然。子どもたちに身近なものを教材にしてみましょう。総合的な学習の時間や社会科見学などで訪れた場所や人の写真、ちょっとおもしろいと思ったものを撮っておけば、のちにさまざまな教材の素材になり、当然、子どもたちの興味も高くなるはずです。学校紹介なら、児童が育てているうさぎや小鳥、朝顔やひまわりの映像など、児童が紹介したい情報を教材化してみることがポイントです。

　職業をテーマにした授業なら、地域の人たちの写真を教材として活用できるとよいでしょう。できあいの風景や映像よりも、先生が手を加えてカスタマイズした教材が使えれば、よりよい授業が可能となるはずです。

先生自身も格好の教材

　子どもに身近な人といえばやはり学校の先生です。扱う言語材料やテーマに合わせて、校長先生はじめ教職員たちの「好きな食べ物や動物」「子どもの頃なりたかった職業」「行きたい国」などについてインタビューし、映像教材にします。これはそのままリスニングクイズとして使用できます。誕生日がテーマなら、先生たちの誕生日でクイズがすぐにできます。What's this? の活動なら、子どもたちにカメラを持たせ、学校にあるものを接写させて、クイズに使うこともできます。教材作りを通して、自分のアイディアや発見を発表する場にもなります。

ALTの協力も得て

　先生たちのアイディアやALTの個性や能力を生かしたオリジナルビデオもお勧めです。ALTが毎回授業に来れなくても、一緒に取り組んだ内容の復習ビデオがあれば、効果的な復習ができます。次回の来校のときに行う活動を前もって動画で紹介してもらい、動機づけとして利用することもできます。子どもたちも彼らの来校を楽しみにするようにもなるでしょう。

　これまでにたくさんのALTが各地に来ているはずなのに、授業をするだけで、教材として蓄積されたものがあまりないのは残念なことだと思います。歴代のALTの自己紹介だけでもビデオにとっておけば、いろいろな活用ができたはずです。

　このような教材の作成に、ぜひALTの協力を得たいものです。成果物は教育委員会で保管し、各校が共有できるようにしておくとよいでしょう。作成にあたって小中学校の先生が互いに協力するような態勢が取れれば、連携のための基盤も生まれてくるのではないでしょうか。

デジタルポートフォリオを残していく

　劇やスキットなどを行う場合には、本番だけでなく練習の過程も撮影し、ふりかえりに生かすとよいでしょう。劇であれば、映像を小さくして見ると、ジェスチャー等が、体育館のステージなどで行う際には十分伝わらないであろうことにも気づきます。自分たちの演技をふりかえることで、ジェスチャーや立ち位置、顔を向ける方向などを意識しながら、子どもたちは演技の仕方を変えていくはずです。

　また、撮っておいた前年度のビデオを見せれば目標がはっきりするだけではなく、先輩へのライバル意識も芽生え、やる気も出てくるはずです。

　ふだんの授業風景等も計画的にビデオに収録しておき、1年間のふりかえりとして使うようにすると効果的です。1年前の自分たちとの違い、成長がはっきりわかります。デジタルポートフォリオとして、卒業時に全員にCD-ROMとして渡せるとよいでしょう。

関連ページ　⇒　p. 76、p. 162

44 子どもに与えたい教材とは
選ぶ基準を持っていますか？

ある研究発表会でのこと。ALTが持ってきたCDの歌を聞いて歌うという活動が行われました。あまりに早い歌で、大人が聞いても意味がわからないものです。子どもがわかるはずもありません。

その後、担任の先生がおもむろにホワイトボードをひっくり返すと、そこには先ほどの歌の日本語の訳が書いてありました。子どもたちから「えー」「きゃー」「うわー気持ち悪い」というどよめきと笑いが起こりました。ALTが持っていたCDのタイトルはなんと Gross Songs（グロテスクな歌）、使った曲は「脂ぎったハツカネズミの内臓*」というタイトルでした。

考えてみましょう

この授業で、何のためにこの歌が使われたのか理解に苦しみます。評価規準のどの部分と関連するのでしょうか。子どもにどんな力を育てようとしたのでしょうか。担任は日本語訳を書いたわけですから、少なくとも「よかれ」と思って使ったのでしょう。しかし、日本語だったら、決して教育の場で使われることのはずのない歌詞内容です。

英語の歌だから、英語の教材だからと、選択の基準が甘くなってしまうのでしょうか。児童英語教材として有名なマザーグースの歌詞には、今の時代には合わない差別的なセリフや、残酷な表現もたくさん出てきます。意味までを考えずに、メロディや脚韻の美しさ、文化的背景の豊富さなどを基準に、児童に指導していることもあるようです。

ピクチャーカードの中にも、kitchenなら女性が皿を洗っている絵、motherなら家事をする女性、パイロットや医者は男性、看護師は女性、サッカーや野球選手は常に男性と、ステレオタイプを助長するような教材がまだあります。今では保育や看護に携わる男性もいれば、レスリングや柔道をする女性も増えています。それらを

*歌は Greasy Grimmy Gopher Guts。米国の子どもにとっては幼少に慣れ親しむ遊び歌のひとつだが、グロテスクな歌詞内容になっている。

7　教材選びの知恵袋

反映した教材*になっていってほしいと思います。

　また、英語はいろいろな国の人が使う言語になっているにもかかわらず、日本の教材では、白人以外の顔があまり出てこない傾向もあるようです。障がいを持っている人は「いつも誰かに助けてもらう人」でも「同情する対象」でもないはずです。高齢者は、力のない弱い人ではなく、知恵と経験の豊かな人間として描かれてもよいはずです。歌詞やイラストなど、教材が与えるメッセージは、知らないうちに子どもたちに刷りこまれていきます。このような教材を使うこと自体が、知らないうちに児童に望ましくない情報を流しこんでしまっていることになります。

こうして みませんか

　先生たちの意識の持ちようで「心を育む教材」の選択は可能になります。母語教育の教材として不適切な教材は、外国語教育の教材としても不適切と言えるでしょう。「日本語だったら、この歌、この表現を教えたいか」と考えることはひとつの判断基準になるかもしれません。現場の先生方が厳しい目で教材を選ぶことが、よりよい教材の開発にもつながり、結果として子どもの「教育への責任を果たすことになるのです。

教材が持つメッセージにも十分な配慮を。

関連ページ　⇒　p. 178

ここが ポイント

- 👑 英語教材選びにも選択眼が必要です。
- 👑 「日本語だったら、この表現や歌を教えたいか」と考えてみましょう。

---

* 参考教材例：成美堂『らくらくピクチャーカード・セット』（巻末ページ参照）

REFLECTION (ふりかえり・まとめ)

7章　教材選びの知恵袋

★以下の項目についてどれくらい理解できているか、マーカーで塗ってみましょう。十分に理解できていない項目は読み直しておきましょう。

・歌を選び、活用するポイント
| 0% | 25% | 50% | 75% | 100% |

・チャンツの使い方の留意点
| 0% | 25% | 50% | 75% | 100% |

・絵本・紙芝居の指導の際の留意点
| 0% | 25% | 50% | 75% | 100% |

・視聴覚教材の選び方の視点
| 0% | 25% | 50% | 75% | 100% |

・デジタル機器使用にあたって必要な視点
| 0% | 25% | 50% | 75% | 100% |

・英語劇を扱う際の留意点
| 0% | 25% | 50% | 75% | 100% |

・オリジナルの教材開発の大切さ
| 0% | 25% | 50% | 75% | 100% |

・教材選択にあたっての、教育的視点の必要性
| 0% | 25% | 50% | 75% | 100% |

8章

国際教育の充実をめざして

国際理解、他教科との連携、クロスカリキュラム

・世界のいろいろな食べ物や衣装などの紹介が大切だ。
・日本と外国の文化の違いを取り上げることが重要だ。
・世界の人々と、平和や環境について英語で語り合えるような授業が理想だ。
こんなふうに思っていませんか。

外国語活動での体験を、他教科の学習や総合的な学習の時間と連携させることで、ダイナミックなプログラムも生まれてくるでしょう。国際（理解）教育と接点を持たせる活動のあり方と留意点について考えてみましょう。

45 「世界のあいさつ」が植民地ゲームに
大切にしたいことは何ですか

Aチーム:「アンニョンハセヨ」、Bチーム:「ニーハオ」、Cチーム:「グーテンターク」、Dチーム:「ハロー」

4チームに分かれた児童がそれぞれの言語であいさつをします。あいさつの後、じゃんけんをして負けたほうは相手側の言語に変わらなければなりません。5分くらいこの活動が続きます。終了の声がかかった時点で、どの言語が一番多く残っているかを競う活動です。自分たちのチームのことばが残ることを期待して、子どもたちは大きな声で習ったあいさつを発話しながら、興奮ぎみに次から次へとじゃんけんをしていきます。

収拾がつかなくなる寸前で先生が「ストップ、それでは、どのことばが残っているかチェックしましょう」……『グーテンターク』の優勝です！ 勝ったグーテンターク・チームにみんなで拍手しましょう!」

勝ったチームは両手を挙げて喜んでいます。世界のあいさつを素材にした活動として、ふさわしいものになっているでしょうか。

考えてみましょう

4つのあいさつはカタカナで板書されており、子どもたちはカタカナであいさつを覚えます。ゲームが始まると、早く勝負したいので、おざなりなあいさつが次から次へと続きます。じゃんけんをする度に大声で「勝った！」「負けちゃった！」という声が聞こえます。じゃんけんに負けた児童のあいさつが別の言語に変わっていきます。

よく見ると一つひとつのあいさつを大切にしているようには思えませんし、それぞれの言語の音声的特徴に気づいている様子もありません。世界のあいさつを通して何を知らせ、どんな力を育てたいのでしょうか。

> **こうして　みませんか**

「世界のあいさつ」を取り上げるなら、まずそれぞれの言語の音声的特徴に気づかせることから入るとよいでしょう。国旗を黒板に貼り、あいさつを紹介します。このとき、日本語との共通点や違う点に注目して聞くように伝えます。音声だけを聞かせて、どの国のあいさつかクイズにすることもできるでしょう。それぞれの国のあいさつに伴うジェスチャー（握手、おじぎなど）についても知らせ、実際に体験してみます。

その際、音声的な特徴や習慣などが原因で、子どもたちがふざけながら取り組むようなことも起こりがちです。そういう場合は、次のように指導します。

まず、もし自分が日本語でおじぎをしながらあいさつをして、外国の人に笑われたらどう感じるかを考えさせます。次に、いろいろな国のあいさつを「丁寧に」「元気よく」「落ち着いた様子で」「悲しそうに」「急いで」「適当に」など、多様な調子で行います。さらに、相手の顔を見ずに（下を向いたまま、または横を向いて）行うなど、ペアやグループでいろいろな言い方や表現で体験させてみます。ジェスチャーや顔の表情も工夫させるようにし、活動後、どんなことに気づいたかをふりかえさせます。

それぞれことばや表現は違っても、「気持ちのよいあいさつ」には共通点があることや、異なる文化を尊重することの大切さに気づかせることをねらいとします。この気づきは「相手を意識したコミュニケーション」への学びへの第一歩になるはずです。

あいさつを競争や単なる「教え込み」で終わらせてしまうのはもったいないと思います。互いの表情や声の調子に耳を傾け、それを感じながら、言語や習慣を超えたあいさつの大切さ、コミュニケーションの大切さに気づくような授業、そして次の日からのあいさつが変わるような授業になることを期待したいものです。

関連ページ　⇒　p. 42、p. 44、p. 178

ここがポイント

- 👑 「世界のあいさつ」を扱うなら、子どもにどんなことに気づかせたいかを考えましょう。
- 👑 文化の多様性や共通性に気づかせ、コミュニケーションへの意識を育む活動になるように工夫しましょう。

46 体験的な「気づき」を生み出すためには
言語・文化の知識を与えて終わっていませんか

　『英語ノート』に、「海星」「海月」「海老」と、starfish（ひとで）、jellyfish（くらげ）、lobster（えび）とを比較することで、英語と日本語の単語形成の共通点に気づかせるという活動があります。

　実際の授業を見る機会がありました。ねらい自体はおもしろいのですが、音声として何回か聞いただけでは、子どもたちは共通する -fish に気づきません。黒板に文字で書かれて並べられない限り認識するのは難しいはずですし、2〜3の例を聞いてその規則性に気づくことは簡単ではありません。結局、先生が児童を正解まで引っ張っていく授業になっていました。

　月の名前を扱う授業では、子どもは、英語ではなぜ日本語のように1月、2月と数字で表さないのか疑問に思い、さらに、日本語でも水無月や神無月のような数字を使わない言い方もあることに気づき、その共通性を見出すという話を聞いたことがあります。本当でしょうか。おそらく、教師側からのヒントや誘導がない限り、子どもたち自ら気づくのは難しいように思えます。「言語や文化への体験的な気づき」は、本当に生まれているのでしょうか。

考えてみましょう

　「気づき」が生まれるためには、自分たちの言語や文化と比較する過程が必要であり、そのための手立てが重要です。規則性を導き出すためには、ある程度の数を提示する必要があります。比較の際には、日本語と英語だけではなく、他の言語との比較で見えてくることもあります。例えば、日本語、中国語、韓国語の共通点と、それらと英語との違いを知ることで、理解しやすくなることがらもあるでしょう。

　しかし、そのような活動は「外国語活動」の時間ではなく、他の時間を利用してしっかりと考える時間を持ったほうが望ましいのではないでしょうか。「さらっと」終わら

8　国際教育の充実をめざして

せるくらいなら、やらないほうがましかもしれません。結局、教師が知識として教えてしまうのであれば、体験的な活動を通して「気づき」をうながす授業が行われたことにはならないはずです。「言語や異文化への体験的な気づき」をうながすためにはどのようなことに気をつけるとよいのでしょうか。

こうしてみませんか

簡単な英語表現を通じても、異文化にふれさせることはできます。例えば、外国人の人が日本の家を訪ねて驚くことのひとつに、「頼んでもいないのに熱いお茶が出される」ことがあるそうです。一方、英語圏では、「何か飲みますか？」のように、相手の意思をたずねるのがふつうです。

そこで、"What would you like to drink?" "Water, please." のような簡単な短い表現を通じて、文化の違いや共通点にふれさせるような活動もできます。どうして何が飲みたいかを聞くのか、どちらの方法がおもてなしとして良いかについてグループで相談してもらい、日本と欧米との違い、共通点を考えさせます。すると、「相手の好みを聞く」「相手の気持ちを察する」と表に出る行動は異なっても、「そのことによって相手への気持ちを表す」という共通点があることに気づくかもしれません。

単語の形成や文法に関する知識については、文字で書かれたものを読めるようになってから始めるほうが効果的だとも思われます。教える必要があるのなら、総合的な学習の時間の調べ学習と連携させて行うとよいでしょう。外国語活動では、行うとしても、音声言語の特徴に気づかせたり、日常用いる短い表現などに表れる違いや共通点に気づかせたりする活動で十分ではないでしょうか。

関連ページ　⇒　p. 174、p. 180

ここがポイント

- 👑 知識を与えて終わっていないか考えましょう。
- 👑 音声言語の特徴や、短い表現について、違いや共通点に気づかせる活動にしてみましょう。

47 形だけの国際理解?
難しすぎることを教えていませんか

　グローバル教育の教材に Global Apple という米国の教材があります。地球がすべての人間が共存していく場であることに気づかせ、地球市民としての自覚をうながすことを目的としたものですが、私はこの教材を使って失敗したことがあります。

　リンゴを取り出し「このリンゴを地球だと思ってください」と言い、ナイフで4つに切ります。一片を持ち、皮の部分を見せ「これが地球上にある土地の広さです」と伝え、さらに4つ切りを繰り返しながら「人間が住める土地の広さ」「植物が育つ土地の広さ」、最後に「これが、野菜や果物など人間が必要とする植物が育つ土地の広さです」と話します。小さなリンゴの片が手に残ります。

　ここで「みんなどう思う?」と質問をします。「そんなに狭い土地しかないのなら、地球に住む人間は土地を大切にしなくてはいけない」という答えを期待したいところです。しかし実際に返ってきた答えは「地球はそんなに小さくない」「人が住めるところはもっと広い。宇宙にでも住める」、極めつけは切ったリンゴを指差して、「それ、誰が食べるの?」というものでした。

考えてみましょう

　小学生にとってみれば、地球は非常に大きなものです。「このリンゴを地球だと思って」というのは大人の発想であって、子どもには実感としてわいてこないのです。勘のいい子どもは先生が望む答えを返してくれるかもしれません。でも、本当にそれが自分の中で理解され、行動に結びつくのかは疑問です。

　異文化理解教育、開発教育など、英語で行える活動もあるかもしれません。しかし無理に英語で行って、理解や体感することができずに消化されないまま終わってしまう可能性もあると思います。

　高学年では、当然、幼稚に思えることには興味を示さなくなり、アクティビティにし

ても、ひとひねりしたものでないととびついてきません。しかし、難しくなりすぎないような注意も必要です。他教科の知識を用いた活動などは有意義ですが、日本語でもよく理解できないことを英語で教えるようなことは避けたほうがよいでしょう。

| こうして みませんか | 環境、福祉、人権、平和、異文化理解など、子どもたちに伝えたいことはたくさんあります。しかし、子どもの発達段階を配慮し、どこまでが実現可能なのか、見極めも大切です。目的をはっきりしておかないと、「難しいことを英語でやっているように見えるだ |

け」で終わってしまう心配もあります。子どもが興味を持ち、かつ消化できる内容を選ぶこと、そして、他教科の知識を利用しながら、子どもにとって興味の持てる受信・発信の活動を、段階を追って進めていくことが大切です。

具体的には、例えば環境問題や動物の命についてであれば、以下のように、素材としてさりげなく取り入れるような活動もできるでしょう。

1) 2桁以上の大きな数がテーマ：子どもたちが飼っている、あるいは学校で飼育している動物の寿命を考えさせ、発表させる。
2) 動物の名前や数、場所などがテーマ：世界地図のいろいろな場所に動物が描かれているワークシートを用いて、聞こえてきた内容に当てはまる動物を指差すなど、リスニングの活動を行う。活動の後で、その動物たちの共通点を考える（ジャイアント・パンダなど、絶滅の危機に瀕した動物たちをワークシートに盛り込んでおく）。

関連ページ ⇒ p. 176、p. 180

ここがポイント

- 日本語で行っても難しい内容を、英語で教えることは避けるべきでしょう。
- 子どもの理解や発達段階に合った内容を考えましょう。

48 子どもの持つ知識や情報を活用しよう
他教科との連携は無理のないように

「海外で行きたいところを友達に紹介しよう」ということがめあてになっている授業です。クロスカリキュラムを意識したもので、社会科の時間と総合的な学習の時間と連携させ、既習の知識を用いて自己表現を行う授業をめざしています。必要となる言語材料に慣れ親しんだ後に、実際の情報交換が始まりました。

A4サイズの紙に、自分が行きたい国の国旗、写真や絵などが描かれており、この紙をペアになって友達に見せながら英語で発表します。

しかし、自信のない児童は紙の後ろにカタカナで書かれた文を読み上げています。聞く側は、内容がわからないので写真や絵を見ているだけです。よく聞くと、「I want to go to イタリア」「I like サッカー」「I like ジェラート（Gelato）」と、カタカナのまま言っている部分もあります。行きたい国もほとんどブラジルやイタリア、アメリカに集中していました。

考えてみましょう

行ったこともない所を人に紹介するのは難しいことだと思います。相当量の情報を持っていなければ、人に語れるはずもありません。ましてや外国のことです。いろいろな発想を引き出すために、総合的な学習の時間や社会科の授業と連携させようと試みたのでしょうが、それでも簡単なことではなかったようです。

ある学校では、コスタリカの写真を見せながらALTがショー・アンド・テルを行っていました。まず、世界のどこにある国なのか、予備知識もない上に、すべて英語です。初めて聞く地名、初めて聞く単語ばかりで、子どもたちに内容が伝わっていないのは見ていて明らかでした。話し終えてから、「行ってみたいですか」と先生がたずねましたが、ほとんど反応がなかったのも無理はないでしょう。確かに見せてくれた写真はきれいでしたが、同じことをロシア語で聞いたとしたら、私もほとんど理解で

8 国際教育の充実をめざして

きなかったはずです。子どもの既習の単語や表現、子どもが知っている情報に十分な配慮をしないと、意味のある活動にはなっていかないようです。

| こうして みませんか | 高学年では、発達段階に合った知的好奇心を満たすような活動をしたいということはよくわかります。ただし、内容に関する情報を児童が十分持っているかどうかを検討しなければ、失敗することは目に見えています。また、その活動を英語で行う必然性も |

感じられないと、うまくいかないはずです。

「環境教育」を目的にした、「ゴミの分別」がテーマの授業を見たことがあります。「空き缶」や「紙くず」などの絵が描かれたカードを順に取り、"can""paper"などと言いながら、burnable（可燃）/non-burnable（不燃）/recyclable（リサイクル可）の3つのゴミ箱に分けるというものです。しかし、絵を見れば分別はできてしまいますし、発話の際もカタカナ発音になっており、英語を使う必然性のない活動になっていました。

遠い世界のことよりも、学校の中で紹介したい場所、遊び場、住んでいる地域など、子どもたちに身近なもので、伝えたい情報を活用することをお勧めします。ALTの好みなども聞きながら、街でお勧めの場所や食べものをグループで考えさせるなどの活動もできます。このようにすれば、必然性を感じながら取り組むことができ、総合的な学習の時間や社会科や家庭科との連携も可能になるでしょう。ALTとの豊かなコミュニケーションも生まれてくるはずです。

関連ページ ⇒ p.86、p.136、p.180、p.194

ここがポイント

- せっかくの他教科との連携も、難しすぎては学びになりません。
- 子どもの言語知識、持っている情報、英語を使う必然性も配慮して、無理のない他教科との連携をしましょう。

One Point Seminar

表面的な「異文化理解」で終わらないために

　英語を使って外国人の方とふれあう目的で、外国の方への「突撃インタビュー」活動を何度か目にしたことがあります。子どもたちにとっては貴重な体験になるでしょうし、良心的につきあってくれる外国人の方も多いと思いますが、このような活動の際には、初対面の人へのマナーのあり方から、どのようにインタビューすれば相手の方に喜んでもらえるのか、念入りな事前学習が必要になります。ある学校の活動では、自分が担当する質問だけを練習して、言えたら「役割終了」のように、相手の方の話を最後まで聞こうとしない子どもの姿も見られました。

　また、「ことばと文化は切っても切れない」ということで、英語圏の文化として「クリスマスやイースター」などのキリスト教的な行事が扱われることも見られます。しかし英語圏の人すべてがキリスト教徒ではありません。現在ではそれぞれの宗教に配慮して"Merry Christmas"ではなく"Happy Holidays"と言うことが増えています。

　「国際社会では力強く握手をしないと、自信がないと思われる」「日本人のおじぎは卑屈に見える」と、「欧米文化にならう」ことが必要であるかのように言われることがあります。しかし大切なのはそれぞれの文化を尊重する態度です。文化に優劣があるわけではありません。スイスでバーゼル市の学校を訪れ、子どもたちがあいさつをしてくれたときのことです。彼らは、強くぎゅっと握るのではなく、優しく包み込むような、あたたかく素敵な握手をしてくれました。

　世界の習慣、食べ物、衣装、お祭りなどは「国際理解」「異文化理解」のテーマとして扱われますが、単なる知識の紹介だけに終わってしまっていることもあるのではないでしょうか。教材や扱い方によっては、ステレオタイプを流しこむだけで終わりかねません。

　国際理解の本質は、世界のいろいろな文化や習慣、歴史、特徴を知識として得ることではありません。違う点だけでなく、国や地域は違っても人類に共通する大切なことに気づかせる視点を大切にしたいと思います。共通する考えや思想にふれることは、人権教育の根底をなす「人間性」や「平等心」を育む

ことにもつながるはずです。さらに、自分のこと、家族や街のこと、日本のことを発信できる活動もぜひ取り入れたいものです。自己の座標軸をつくることは国際理解の大切な点でもあるからです。

国際理解教育のねらいとは

「戦争は人の心の中で生まれるものであるから、人の心の中に平和のとりでを築かなければならない」(Since wars begin in the minds of men, it is in the minds of men that the defenses of peace must be constructed.)

これは「ユネスコ*憲章」の前文に書かれていることばです。日本の国際理解教育の背景にあるユネスコの国際教育において、その目的は、「一人ひとりの心に、平和のとりでを築くこと」とされていることがわかります。

また、ユネスコが1974年に出した勧告では、教育の目的を「人格の全面的な発達」と「人権および基本的人権の尊重の強化」とすることが明記され、「すべての国等の相互間の理解、寛容および友好関係を促進する」必要性がうたわれています。さらにその「指導原則」において、各国の教育現場で推進すべきものとして、「すべての教育に国際的側面と世界的視点を持たせること」「すべての人民とその文化、文明、価値、生活様式に対する理解と尊重」「他の人々とコミュニケーションする能力」が挙げられています。

世界平和への第一歩は、多様な文化や価値観を持つ人々の存在を尊重するという「人権意識の滋養」と言うことができますが、他者を尊重するには、その前提として「自己の確立」ができている必要があります。こう考えると、小学校段階の国際（理解）教育において、「知識」「技能」だけでなく、自己肯定感を持ち、他者を尊重できるような「態度と価値観」を育てる大切さが見えてきます。国際（理解）教育はすべての教育課程において実施されるべきものですが、「ことばの教育」「コミュニケーションの教育」としての外国語活動に期待される部分もたくさんあると言えるのです。

関連ページ ⇒ 序章

---

* 国際連合教育科学文化機関。「諸国民の教育、科学、文化の協力と交流を通じて国際平和と人類の福祉を促進すること」を目的に第二次世界大戦後に設立。

One Point Seminar

他教科との連携で「総合的な知」を育てる

カリキュラムの系統性とクロスカリキュラム

　カリキュラムの作成において考慮すべき点として、年間行事や他教科との連携があります。児童がそのときに興味・関心があること、その後の見通しを踏まえた授業内容をつくることが、「総合的な知」を育むことにつながるはずです。

　特に、英語を使う必然性をつくるには工夫が必要です。姉妹校とのスカイプなどの TV 電話、ビデオレターなどによる交流活動、ALT やゲストスピーカーとのコミュニケーションの機会を効果的に利用することが大切です。

　ALT や外国人ゲストとの交流で、英語を実際に使う経験はぜひ大切にしたいものです。「通じた」という喜びは次の学習への動機づけとなるとともに、既習表現などの定着をうながす機会ともなり、また、伝えるための工夫の大切さを知る機会にもなります。調べ学習とも連携させられれば、発達段階に合った内容となり、児童の興味や関心が広がっていくことにも期待できるはずです。

「気づき」の起こる体験を

　異文化コミュニケーション能力の専門家 Alvino Fantini 氏と話をした際、氏は異文化コミュニケーション能力の大切な要素として、KASA (Knowledge, Attitude, Skill, Awareness の頭文字) を挙げ、特に Awareness が重要であると説明してくれました。

　Awareness は「気づき」と訳されることが多いようですが、私は「悟り」に近いものだと思っています。それは、あることや価値を体感し、それまでと異なる視点から、その真の姿を見ることができるようになる、知識と経験の融合の瞬間に起こるものではないかと考えています。

　Awareness とは、ふだんからそのことについてアンテナを高くして意識をしている人、一つひとつのバラバラの知識ではなく、いろいろな事象と体系づけながら

世界をとらえようとする人に、起こることが多いものなのかもしれません。表層的な知識や体験だけでは十分でないことは確かです。特に知識だけの「理解」では起こらないと言えるでしょう。

他教科とのコラボレーションは無理なくできるものを

　他教科の内容を外国語活動に取り入れる際は、算数や理科、社会などで、ほとんどの子どもが十分に理解している内容を活用するようにしましょう。でなければ外国語で活動できるはずもありません。できるとしたら、2学年下の段階で習ったことくらいでしょうか。もちろん活動で用いる前に、内容についての復習の時間も必要です。

　すでに述べてきたように、「福祉教育」「環境教育」「食育」「ジェンダー教育」「開発教育」「人権教育」などと、外国語活動を連携させる視点も意義のあることですが、大上段に構えるのではなく、簡単な英語を使った活動の中で、さりげなく教材にちりばめる工夫が必要です。

　すべての活動を互いにしっかりと関連づけることはとても難しいことですが、計画と準備に十分な時間をとることができれば、そのぶんだけきっと、より意味のある活動が実現できるでしょう。

関連ページ　⇒　p. 136、p. 174、p. 176、p. 194

REFLECTION （ふりかえり・まとめ）

8章　国際教育の充実をめざして

★以下の項目についてどれくらい理解できているか、マーカーで塗ってみましょう。十分に理解できていない項目は読み直しておきましょう。

・文化の多様性とともに共通性に気づかせることの大切さ

| 0% | 25% | 50% | 75% | 100% |

・体験的な「気づき」をうながすために必要な視点

| 0% | 25% | 50% | 75% | 100% |

・子どもの理解や発達段階に合った活動の必要性

| 0% | 25% | 50% | 75% | 100% |

・子どもが持つ情報や知識を活用した無理のない連携の大切さ

| 0% | 25% | 50% | 75% | 100% |

・表面的な異文化理解の問題点

| 0% | 25% | 50% | 75% | 100% |

9章

目標・評価・指導の一体化を

豊かなコミュニケーションをめざして

・「シールを何枚集めましたか」
・「間違いなく最後まで言えましたか」
・「スラスラ言えたのは誰ですか」
いつも、こんなふりかえりのことばをかけていませんか。

学校でめざす児童像はどんなものですか。外国語活動では、その児童像に向かって何を育てるのでしょうか。コミュニケーションの「質」を高めるための目標・評価・指導について考えてみましょう。

49 めあてと評価規準は一致していますか
望ましい児童の姿を考えて

　ある研究発表会。授業参観後の学校側の研究説明について、フロアから「今日の授業の目的がはっきりしない」という質問が出されました。担任が「今日のめあて」として提示したのは「行ってみたい国とその理由を友達と伝え合おう!」で、黒板には、このめあてが書かれた紙が貼られていました。さらに先生は「今日のめあてに必要な英語を言えるようになりましょう」と口頭で加えました。一方、学習指導案の「本時の評価規準」には「友達との会話に積極的に取り組んでいる」とされています。

　「積極的に取り組んでいたかどうかは、どのように判断するのですか」「英語を言えるようにならなければならないのであれば、評価規準は『言えることができる』という文言になるのではないでしょうか」という質問に、授業者は答えにつまってしまいました。

考えてみましょう

　研究発表会などで指導案に目を通すと、その学校の蓄積がだいたいわかります。まず、その日の授業が単元の何時間目にあたるのか、前回、次回にどのような授業が展開されるのかという全体構成がわかる指導案かどうか。その日のめあては何なのか、子どもにどのような変容があればそのめあてが達成できたと考えるのか（評価規準）、その変容を授業のどの活動や指導で評価するのかがしっかりと考えられ、指導案に示されているところとそうではないところでは、授業自体の質にも大きな違いがあります。

　特に評価規準については、評価規準の年間一覧を持っている学校は、系統的なカリキュラム開発が進んでいる学校と言えます。評価規準の作成過程を通して、教員の間に共通理解が生まれ、育てるべき力がはっきりとしてくるのです。

9 目標・評価・指導の一体化を

こうしてみませんか

　学習指導案において、めあて（目標）、評価規準、評価する活動・評価方法、そして、ふりかえりのことば、自己評価表の文言などがしっかりと考えられていることが大切です。評価規準は、具体的に児童にどのような変容が生まれるのかまでを考えてつくられる必要があります。

　例えば「積極的にコミュニケーションに参加している」が評価規準であれば、どのような姿を見せている児童が積極的と言えるのか、具体的にその特徴を書き出してみましょう。

1) 多くの友達と話している。
2) 相手の話にうなずきながら、反応しながら聞いている。
3) 相手に伝わるように工夫をしながら取り組んでいる。
4) 笑顔で取り組んでいる。
5) 目と目を合わせてあいさつをし、次の友達を探している。

　このように、具体的な姿を書き出すとともに、その日の授業に一番ふさわしいのはどれかを考えます。もちろん先生のふりかえりのことばも同じ内容が伝えられなければなりません。「○○さんは友達の話にちゃんとうなずきながら反応していましたね」というふりかえりのことばが出てくるのであれば、その活動の規準は 2) であったはずです。児童のふりかえりのことばからも、自然にその日のめあてが聞けることが理想です。ALTの児童へのことばも、その日の目標に合ったものであることが求められます。

　また、授業のめあては毎回変わるはずです。自己（相互）評価表の項目も、毎回若干の変更が必要になります。児童が評価活動にも楽しく取り組めるように工夫してみてください。

関連ページ　⇒　p. 186、p. 194

ここがポイント

- めあては評価規準に表れます。
- 児童にどのような姿が見られればよいかまでを考え、評価規準をつくっていくことで、よりよい指導が可能になります。

50 ふりかえりのことばを大切に
毎時間の積み重ねが子どもの変容につながる

毎時間のふりかえりのとき、子どもたちからどんなことばが返ってきていますか。「大きな声で言えました」「最後まで間違えずに言えました」「シールをたくさん集めることができました」といった内容だとしたら、子どもたちは、外国語活動で大切なことは、「大きな声を出すこと」や「習った言語事項を覚えて最後まで間違えずに言えること」や「ゲームでシールをたくさん集めること」と思っている、ということになります。

考えてみましょう

「だって先生がそう言いました」。子どもたちが時折使う表現です。先生が大切だとして示したことが、子どもたちの判断基準になります。先生が判断の基準としてあいまいなことや間違ったことを伝えてしまえば、子どもたちが向かう方向も間違ってしまいます。

友達との会話活動において、先生が「大きな声で言えましたか」「何人の友達から（会話した証拠として）シールをもらってきましたか」「自分と同じカードを持っている人を何人見つけることができましたか」などのふりかえりのことばを与えてしまうと何が起こるでしょうか。

不自然なイントネーションでどなるような会話活動になったり、たくさんのシールをもらうために、ひとりの人と関わる時間を短くしようとしたり、自分がほしいカードを持っていない友達には、"Thank you.""See you." も言わない、ぞんざいなコミュニケーションをとってしまったりといったことが起こります。

もし「外国語を用いてコミュニケーションを図る楽しさ」を育むことが活動のめあてであり、先生が「コミュニケーションの内容や質」を大切にしているのであれば、子どもたちのふりかえりのことばはこんな内容になるはずです。

「○○さんは最後までうなずきながら話を聞いてくれました」「工夫して伝えることが

できました」「○○さんの好きなものが僕と同じ○○だと初めてわかりました」「○○さんの言い方は、とても気持ちがこもっている言い方でした」。

こうして みませんか	子どもたちは、先生が授業の途中で見取りをしながらかけることば、また、授業の最後にふりかえりとして与えることばから、自分たちに求められていることが何か、授業のめあてが何かを確認することができます。

先生が、「○○さんの聞き方がとても良かったです。相手の顔をしっかり見て、うなずいたり、聞き返したりしていました」「○○さんの話し方はとても丁寧で、聞きやすかったですね」「○○さんは、話が終わってからワークシートに聞いたことを書き込んでいました。会話をとても大切にしていて、良かったです」など、その授業で育てたいポイントを具体的に伝えることで、子どもにとっても授業のめあてがはっきりします。

ALTや外部講師のふりかえりのことばも同じです。"Good job!"だけでは十分ではありません。英語の発音や大きな声、元気さばかりをほめるようなコメントになっていることも多いようです。外国語活動で何を評価するのかを、前もってALTや外部講師にも伝えておく必要があります。ふりかえりのことばの積み重ねが子どもの変容をうながすことになります。先生はそのためにも、コミュニケーションにおいて何が一番大切なのかをしっかりと考えておく必要があるのです。

関連ページ ⇒ p. 190、p. 192、p. 194

ここが ポイント

♛ 先生が大切にしていることを、ふりかえりのことばとして毎時間伝えることが大切です。

♛ 「大きな声」や「何人とやりとりをしたか」を評価するのではなく、「どんな関わりができたか」を大切にしましょう。

One Point Seminar

評価規準の構築こそがカギ

豊富で具体的な評価規準例の必要性

　学習指導要領の目標と指導内容を踏まえ、評価規準の構築がうまく進まなければ、目標・評価・指導の一体化をめざすことは困難です。「外国語活動」の目標にふさわしい教育実践につなげるためには、各授業・活動に対する具体的な評価規準をしっかりと考えた指導が行えるように準備する必要があります。

　「生活科」や「総合的な学習の時間」が導入された際、理科や社会科の指導経験がある小学校教員にとって、内容的に関係の深い「生活科」や「総合的な学習の時間」の実施や評価規準の作成はそれほど難しくないと考えられていました。しかし、実際にはそうではなかったようです。体験的な知を育む、新しい教育活動へのとまどいがあったのは事実です。

　今回の「外国語活動」導入に関してはさらに、外国語教育や国際理解教育に関する専門的な知識や経験の少ない小学校教員が、自力で各単元や活動の評価規準を考えるのは相当難しいことが予測されます。したがって、国立教育政策研究所等は、学習指導要領から導かれる、豊富かつ具体的な規準例を提示する必要があるはずです。

「授業を通して育てる具体的な力」を規準に

　国立教育政策研究所が公開している「評価規準の作成のための参考資料、評価方法等の工夫改善のための参考資料」に「外国語活動における学習評価」*という資料があります。文部科学省は「評価規準は設置者が考える」ということを理由に、教育委員会にこの資料を参考として与えました。しかし、ここに示されている規準はすでに出されている『英語ノート指導資料』のものと変わらず、わずか4つの単元の事例が示されているだけです。指導要録に記載する際のひながたとしては使えても、授業づくりに十分な情報とは言えません。参考になる評価規準例が少なすぎるため、実際に、ある県（設置者）で作成し

*「外国語活動における学習評価」
http://www.nier.go.jp/kaihatsu/hyoukahouhou/shou/0211_h_gaikokugo.pdf

9　目標・評価・指導の一体化を

た評価規準例も『英語ノート指導資料』に示されたものとほぼ同じ内容でした。日本中から評価規準を集めても、似たりよったりのものにしかならないでしょう。現場が必要としているのは、授業を通して育てる「具体的な力」を示す、もっと豊富な評価規準例です。この評価規準を意識しない限り、多様な授業・指導が生まれるはずはありません。

求められる「できた」という体験の視点

　『英語ノート2　指導資料』に掲載されている評価規準例の内容です。外国語活動の目標の3つの柱の2番目「外国語を通じて、積極的にコミュニケーションを図ろうとする態度の育成を図る」の評価規準として「<u>自分の行きたい国について、理由とともに発表しようとする</u>」が挙げられています。この規準は、積極的にコミュニケーションを図ろうとする態度の規準としてふさわしいものでしょうか。どのような姿が見られたら積極的に取り組んでいると判断するのか、どのような変容を求めて授業・指導をするのかが、この評価規準からは見えてきません。

　さらに、目標の3番目の柱「外国語を通じて外国語の音声や基本的な表現に慣れ親しませる」に対する評価規準は、「<u>自分の行きたい国について、理由とともに発表する</u>」となっています。この2つ（上記下線）の規準の違いがわからないのは、私だけではないはずです。

　学習指導要領の「2　内容」には、(1)から(3)がありますが、(3)の「言語を用いてコミュニケーションを図ることの大切さを知ること」を通して身につけるべき力に対する規準はどのようなものになるでしょうか。授業において「伝わった・聞いて理解できた」という体験があってこそ、その大切さがわかるのであり、つまり「できる」体験が必要になるはずです。ノンバーバルなものまで含めた、ことば・コミュニケーションの大切さを体験的に理解できる活動、あるいはその評価規準は、残念ながら『英語ノート』『英語ノート指導資料』には見当たりません。毎回の授業の指導を豊かにするために、評価規準例のさらなる提示が求められます。

関連ページ　⇒　p. 184、p. 186

51 コミュニケーション＝『想』
豊かなコミュニケーションは相手意識から

　ある研修会で「積極的にコミュニケーションをとる子どもとは、教室でどんな姿を見せる子どもか」ということを、参加者に考えてもらいました。
　「自分から話しかけている児童」「何人もの友達と活動をしている児童」「習った表現を使おうと努力している児童」などいろいろ出されましたが、共通しているのは、ほとんどが「話す」ことに関する内容でした。話し手がいれば、当然聞く手がいるはずですが、「積極的に聞いている子ども」についてのコメントはほとんどありませんでした。このことは大きな問題をはらんでいます。コミュニケーションにおいて、「聞く力」こそ重要と言えます。教える側にこの視点がなければ、指導において子どもたちにその大切さが伝わるはずはありません。

考えてみましょう

　「あの人はコミュニケーション能力が高い」という表現は、「話が上手な人」をイメージさせます。実は「話が上手」にも2つのタイプがあり、いわゆる多くの人に向けて話をする「スピーチ」が上手な人と、会話の中で上手に話を盛り上げる「インタラクション」が上手な人に分かれます。「スピーチ」においては、基本的に聞き手側が話し手になることはありませんが、「インタラクション」においてはそれが起こります。
　「インタラクション」の能力が高い人とは、その場の会話の内容を考慮し、場の空気や人間関係を読み、望ましい方向へと会話行為を導くための手立てができる人です。一方的に自分が話すのではなく、会話に他の人を巻き込み、それぞれの発話に反応しながら会話が心地よく継続できるようにうながす人です。
　「スピーチ」の場合でも、聞き手の反応を確認しながら話をすることが求められます。例えば、聞き手の反応を見ながら、話のスピードや声の調子を変えたり、表情やジェスチャーをつけたり、あるいは、聞き手の側に移動して話をしてみたり、また、

意図的に話題を変えたりすることもあります。そういう意味では、「スピーチ」であっても「インタラクション」であっても、「相手意識」が必要であり、この、「相手を意識しながら話をする力」こそがコミュニケーション能力であると言えるのかもしれません。

ことばだけではなく、生活のあらゆる面で「相手を意識しながら行動がとれる人」はコミュニケーション能力が高いと言えそうです。

「コミュニケーション」を漢字一字で表現するなら、私は「想」という字をあてはめたいと思います。「相手」に「心」を持っていくことで、初めて豊かなコミュニケーションが生まれることになるからです。

こうしてみませんか

コミュニケーションにおいて相手を意識することが大切だと述べましたが、最も大切なのは相手の話を傾聴することです。会話でもスピーチでも、うまく話せるかどうかは、相手の反応によるところが大きいのです。話し手を受け止め、しっかり耳を傾けて、反応しながら積極的に「聞く」態度こそ、コミュニケーションで最も大切な姿勢と言えるでしょう。注意深く聞くからこそ、反応が生まれ、自分の表現につながっていくのです。「積極的に聞く」ことについての評価規準（子どもの具体的な姿）が、もっと考えられ、指導に生かされる必要があると思います。

関連ページ ⇒ 4章〜6章、p. 192、p. 194

ここがポイント

- 相手を意識することが、大切なコミュニケーション能力と言えます。
- コミュニケーションにおいて基本的な土台となる「聞く力」についての評価への意識が求められます。

One Point Seminar

「聴く」から「伝える」につながる統合的な活動を

「聞く」→「聴く」→「訊く（描く）」への発展

　「きく」にもいろいろな種類の「きく」があります。われわれのふだんの会話においても以下のような「聞く」「聴く」の違いがあるはずです。
1) なんとなく話を聞き、大まかな情報を得ている（hear）
2) 興味を持って必要な情報にしっかりと耳を傾ける（listen）
　3つめは「訊く」（ask）で、
3) 話の内容を考えながら、ときには、自分が持っている知識や経験と照らし合わせて、矛盾を感じたり、相手が言ったことに納得したり、自分の考えはどうかを考えたりしながら、また、内容に対しての質問や疑問を考えながら「きく」ということです。

　この3つめの「訊く」に加えたいのは「描く」です。相手の話を聴いているときは、頭の中、心の中に、場面、相手の気持ち、自分の気持ちなどを「描く」ことが起こっているはずです。結果として、「訊く」形で「表現する（express）」こともあるでしょうし、そこに至らないこともあります。それでも、心では「感じる（feel）」「考える（think）」ということが起こっているはずです。指導においても、このように異なる「きく」を「聞く」→「聴く」→「訊く（描く）」の3つの段階に分けて考え、それぞれの活動を準備することが大切です。

「心」を動かす内容が発信へつながる

　外国語で子どもが情報を受け取る際、場面や文脈を得るための「聞く」活動から始め、必要な情報を得るための「聴く」活動へとつなげます。さらに、自分の気持ちや考えと照らし合わせながら、自分が伝えたいことを描いて発話・発信する「聴く→伝える」という統合的な活動が生まれてきます。このとき、受け取る内容が「心」を動かすものであってこそ、発信へとつながるわけですから、

聞く内容は子どもたちの身近で興味のある話題である必要があります。
　自分の考えや思い、伝えたい内容を「描きたくなる」ような話題やテーマを探っていくと、子どもに身近なことがらや他教科、学校行事などとの関連があるものになってくるでしょう。また、発信する相手が明確であること、その人に「伝えたいという心」を十分に耕すための活動も必要となってきます。相手に心を馳せない限りは豊かなコミュニケーションにはならないのですから。

体験を通して育むコミュニケーション能力

　コミュニケーション能力は、コミュニケーション活動を通してしか育むことはできません。相手意識を持ち、自身の考え、思い、置かれている状況を踏まえて、どのように相手に伝えるかを考え、判断し、工夫をして伝える体験を通してこそ、言語・コミュニケーションの意義や豊かさ、言語の使用方法や言語自体への気づきが生まれます。
　相手の気持ちや置かれている状況を配慮しながら、自身がどのような言動をとるべきかを考え、適切な方法で対応するように努める人がコミュニケーション能力の備わった人間と言えます。それは、小学校段階の全人教育として、すべての教育課程を通して育まれるべき力でもあり、外国語活動だからこそ期待される部分もあるのです。

関連ページ　⇒　序章、p.194

REPORT　現場の取り組みから [6]

全教科で、コミュニケーションを軸にした取り組みを
しっかり人の話を聴き、自分の思いを伝えられる子どもを

大垣公子（尾道市立日比崎小学校校長）

外国語活動で育てたいもの

　本校では、コミュニケーション能力を育てる（人との関わりが深まる）外国語活動をめざしています。平成17年度から金森強先生のご指導をいただきながら、自分の思いや願いを伝え合い、互いの気持ちを尊重し合うコミュニケーション能力や、違いを認め合いつつ共に生きていこうとする態度を育てたいと、外国語活動の研究に取り組んできました。

　平成21年度からは、研究テーマを「コミュニケーション能力を身に付け、活かす子どもの育成　〜人とのかかわりを体験的に学ぶ外国語活動を通して〜」として、以下の3点に重点的に取り組んでいます。

（1）**カリキュラムの改善**：
①『英語ノート』の効果的な活用（学校のカリキュラムに合わせた『英語ノート』の位置づけ）に取り組み、②単元構成の工夫（子どもが「伝えたい」と思える場面設定）を行っています。

（2）**聞くことを重視した授業づくり**：チャンツ・ゲーム・友達との会話など、「聞いたことをもとに考えること」を重視した学習活動を工夫するとともに、毎時間の評価計画表を作成しています。学習のねらいや評価の視点を明確にすることで、めざす児童像に迫りつつあります。

（3）**中学校との連携**＊：小中合同の授業研究や理論研修、中学校の英語担当の先生とのT.T.などの実践を通して、中学校外国語科への円滑な移行のための研究を行っています。

「聴く姿勢　心で受け止め　しっかり反応」を合言葉に

　コミュニケーションの基本は「しっかり聞くこと、しっかり伝えること」であると思います。外国語活動に限らず、何より私たち教師自身が、子どもたちに耳を傾ける態度が必要と感じ、「聴く姿勢　心で受け止め　しっかり反応」を合言葉に、毎日子どもたちと向

＊ p. 205参照。

9　目標・評価・指導の一体化を

き合っています。

22年度は、「聞く」(受け止める)→「聴く」(構成する)→「訊く(描く)」(吟味する)の3段階別の評価規準例を作成し、外国語活動、国語科、そして全教育課程で「きくこと」の指導に取り組んでいます。「コミュニケーション能力」という一本の軸で小中連携を考え、教育課程のすべてを通して全教員の共通理解を深めてきました。小学校で「きく」活動を重視した結果、中学校での学力検査の「聞く」項目にも伸びが見られるようになりました。

平成23年1月の公開授業より。相手意識を持って「(きちんと)伝えること」「(しっかり)耳を傾けること」の大切さを、担任の先生が常に子どもたちに意識づけている。

子どもたちが「心から伝えたい」と思える活動を

私たちが特に大切にしているのは、子どもたちが「心から伝えたい」と思える場をつくることです。単元の初めにゴールとしてのタスクを提示することで目的意識を持たせ、ゴールに向かって活動できる授業・単元構成を工夫しています。それにより、子どもたちに継続的な学習意欲が育まれ「進んで友達に関わろうとする」「わからないことは聞き返そうとする」姿もより多く見られるようになりました。

5年生では、総合的な学習の時間で、尾道産の食材を用いたお好み焼き、「ひびっこ版尾道焼」を作りました。この活動と連動させ、ALTの先生に、各グループが自分たちのオリジナルの尾道焼を紹介する授業を組み立てました。

ことばや文化が違っても、伝えることの心地よさや伝わったときの喜びを味わえるのが外国語活動です。これからも、子どもたちの「伝えたい気持ち」を大切に、人との関わりを楽しみながら、お互いを尊重できる子どもたちを育てていきたいと思っています。

表情豊かに「聞こう」「伝えよう」とする5年生の子どもたち。ALTのふりかえりのことばも「よりよく伝えようと工夫していた」と、授業のねらいがしっかり共有されていることがわかる。

REFLECTION
（ふりかえり・まとめ）

9章　目標・評価・指導の一体化を

★以下の項目についてどれくらい理解できているか、マーカーで塗ってみましょう。十分に理解できていない項目は読み直しておきましょう。

・「評価規準・めあて」と指導の一致の大切さ

| 0% | 25% | 50% | 75% | 100% |

・目標をふりかえらせる教師のことばの工夫

| 0% | 25% | 50% | 75% | 100% |

・豊富で具体的な評価規準の必要性

| 0% | 25% | 50% | 75% | 100% |

・「相手意識を持ちながら聞くこと」を評価する必要性

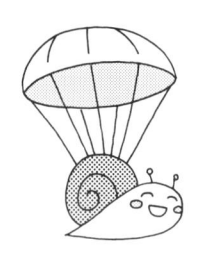

| 0% | 25% | 50% | 75% | 100% |

10章

教師集団としての取り組みへ

育てたい児童像へ向かって

・外国語活動は、担当や5・6年生の担任にお任せだ。
・保護者が外国語活動に過度な期待をしている。
・教員の交流会で、中学校側が外国語活動について理解していないことが判明。
・指導主事や管理職が、スキルベースの外国語活動を推進している。
こんなことに困っていませんか。

外国語活動の実施にあたって、教員間や管理職の意識に温度差があることは大きな問題です。「教師集団」として、より意味のある外国語活動をめざしていくために必要なことを考えましょう。

52 学校や児童の実態に合った指導を
「先進校」を参考にできない場合もある

　ある小学校に指導に行ったときのことです。授業の進め方が早すぎて無理があるように思えたため、発話させる前にもっと聞く活動を復習として増やすようにというアドバイスをしました。その後再度訪問してみると、あいかわらずのままです。

　理由を聞くと「研究開発として『英語ノート』をそのまま使うように言われている」という答えが返ってきました。『英語ノート』を使うことはかまわないが、『指導資料』のとおりにする必要はないのではないかと聞くと、指導を受けている行政からそのような強い圧力が感じられると言うのです。

　なかには、中学校との連携のためにと、アルファベットの定着や書く指導まで求めてくる行政や管理職もいるようです。また、一部の元英語教員の管理職のなかには、学習指導要領や児童の実態を配慮せずに、スキルベースの「英語学習」を推進しようとする方もいるようです。

考えてみましょう

　『学習指導要領解説』『小学校外国語活動研修ガイドブック』『英語ノート』『英語ノート指導資料』、さらに中央教育審議会や外国語専門部会の一連の議論を読みこめば、学習指導要領の意図するところは理解できるはずです。何より大切なのは、目の前の児童の実態に応じたふさわしい授業実践をすることです。研究開発学校には各学校の研究目標がありますが、「現場へのサポート」という名目で、行政側からカリキュラムや教材が一方的に与えられることもあるようです。研究開発の目標の範囲であれば、実態に応じた授業実践であってかまわないはずです。たとえ研究開発であったとしても教育活動であることに変わりはないのですから。

　また、小学校の外国語活動は、中学校のためにあるわけではありませんし、英語のスキルの定着をめざすものでもありません。これらについて、教職員全体でしっ

かりと共通理解を持つ必要があるでしょう。

> **こうしてみませんか**
>
> 研究開発学校等で『英語ノート』を用いて授業を公開する場合、たいていの場合は、指導資料の学習指導案に配当されている授業時数だけでは消化できず、研究発表の公開前に相当数の時間を使っているようです。

学校や児童の実態に応じて、授業時数や必要な活動、特に聞く復習活動を増やし、児童に不必要な負担をかけない進め方をとるべきでしょう。

新学習指導要領が完全実施となり、以後数年間は、現在の学習指導要領に従って教育が進められるわけです。一方で、「外国語活動はいずれ教科化されるはずだから、中学校の前倒し的な取り組みをやるべきだ」という意見が出されているところもあると聞きます。しかしまずは、現行の学習指導要領の実施の充実を図ることが先ではないでしょうか。

また、ひとつの研究開発学校での事例がうまくいったとしても、その方法が管内すべてで実施できるわけではありません。特別な教員の配置や教材・教具等の整備などがなされた研究開発学校と、その他の学校では条件が違います。始めてみたものの、結果として英語への苦手意識を生み、英語嫌いがたくさん出てしまっては元も子もありません。取り組もうとしている教育が、本当に管内の小学校の実態にふさわしいかどうかを慎重に検討した上で判断するべきでしょう。

関連ページ　⇒　p. 82、p. 86、p. 204、p. 224

ここがポイント

- 👑 学校や児童の実態に合わせて、どのような外国語活動を進めるべきか、共通理解を図りましょう。
- 👑 研究開発学校の事例がすべての学校でうまくいくとは限りません。

53 保護者の理解を得るために
学校としての説明責任を果たす

「今度のALT中国系アメリカ人なのよ。子どもたちにちゃんとした発音を教えられるのかしら」「うちの子はアルファベットも読めないのよ。学校の英語の時間に何を教えているのかしら」「中学受験に出ることを教えてもらわないと」。

外国語活動について、多くの保護者が間違った理解をし、期待をしているようです。学習指導要領はもちろん読むことはないでしょうし、さまざまな教材や英語教室の誘い文句が耳に入っていますから、このような誤解があってもしかたありません。ただし、そのままにしていてよいわけでもないでしょう。学校側にも説明責任はあります。保護者の誤った見解を聞かされる児童が、学校で学んでいることに対して不信感を持つようなことにならないような手立てが必要です。

考えてみましょう

保護者の過度な期待や誤解、また不安に対して、ねばりづよく必要な情報公開をしていく必要があるでしょう。特に、外国語活動の主旨を理解しないまま、「ネイティブ・スピーカーに教えてほしい」と希望する保護者もいるようです。その一方で、「授業でゲームをしているだけ」と思い込んでいる保護者もいます。

言語習得には長い時間がかかり、小さい頃から始めたとしてもそう簡単には英語力はつかないこと、小学校だけで英語力を育てるわけではないこと、特に週1時間だけでは英語力の育成は難しいこと、外国語活動ではアルファベットの定着なども行わないこと、「友達やALTの方との、楽しいコミュニケーションの体験を通じて、ことばへの意識を育て、外国語や外国の文化への興味関心を高めることが大切である」ことなどを、わかりやすく伝えていく必要があるでしょう。

また、「中学受験でも英語の試験が入るはずである」「英語の能力試験を受けたほうがよい」「塾に行かないとついていけない」などの誤解にも、丁寧に対処し、

不安を解消するように努めていく必要があります。

こうしてみませんか

まずは「英語教育」「言語習得」への基本的な誤解から解く必要があるかもしれません。「バイリンガル教育」や「イマージョン教育*」と、小学校の外国語活動との条件や目的の違いをはっきりと伝える必要があるでしょう。また、小学校だけではなく、大学までの日本の外国語教育の全体像についても理解してもらう必要があります。

保護者の方々が受けてきた英語（外国語）教育と、現在あるいは今後の外国語教育の目的や内容の違いを理解してもらえるような情報の提供が必要です。学習指導要領が示す内容や学校の目標・取り組みを、簡単なわかりやすい文言で伝える冊子や、学校新聞、便り等を配布するとよいと思います。

また、保護者向けの講演会を開くのもひとつの手だと思います。外国語教育の方向性や言語習得のプロセスなどについて、わかりやすく説明してもらうとよいでしょう。講師には、英語教育だけでなく小学校教育についても造詣の深い方、学習指導要領や『英語ノート』などについても中立的な立場で話ができる方を慎重に選ぶ必要があります。

研究開発学校等から講師を招くような場合も、特殊な実施条件下でしか実現できない取り組みであれば、せっかく紹介してもらっても、あまり役に立たないこともあります。まず自分たちがどのような児童像をめざして、どのような教育を進めたいのかをよく考えることが大切です。

関連ページ　⇒　序章、p.219

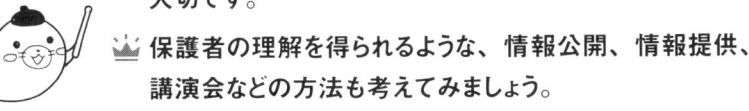

ここがポイント

- 保護者のさまざまな期待や誤解にも配慮していくことが大切です。
- 保護者の理解を得られるような、情報公開、情報提供、講演会などの方法も考えてみましょう。

＊他教科を、目的とする言語で教える教育方法。

54 望ましい研修を考える
まずは教員全員の共通理解から

　中教審外国語専門部会での、外国語活動の必修化に関する議論において、その条件整備として第一に優先すべきとされていたのが「教員研修」でした。しかし、十分な研修を受ける機会はほとんどないまま、本格実施を迎えることになったのが現状です。その結果、外国語活動の指導に自信がない教員が7割近くという結果が出ています*。各地で行われる研修の内容も、アクティビティの紹介、『英語ノート』の使い方、電子黒板や教材の使い方など、とりあえず授業をこなすためのテクニックに留まることも少なくないようです。

考えてみましょう

　校内にたったひとり指導力の高い教師がいるだけでは、教師集団としての教育力は十分とは言えません。校内に共通した指導態勢（教育目標、指導理念、指導方法、教材観）があってこそ、学校としての教育力を向上させることができるものです。そのためにも、校内研修の効果的な利用が望まれます。また、情報や教材・教具の共有のためのシステムづくりを行うことが重要であり、その役割を担う担当者を明確にしておくことも大切なポイントとなります。

　最も大切なのは、全員で外国語活動に取り組むための研修です。学校としてめざすもの、「育てたい児童像」から、外国語活動の位置づけを明確にし、全教員が共通理解を持つようにします。そのためには、すべての教育課程を通して育てたい「学力」を考えることから始める必要があります。

　児童・学校の実態に応じた教材開発、担任だからこそできる他教科や年間行事と関連させたカリキュラム開発、学級や児童の個性を大切にしたダイナミックな指導の実践を望みたいところです。

*Benesse 教育研究開発センター（2011）「第2回小学校英語に関する基本調査（教員調査）報告書」

10 教師集団としての取り組みへ

こうしてみませんか

まずは全員で、学習指導要領および解説を熟読し、目標と指導内容を明確にします。各学校の年間行事や既存のカリキュラムを生かし、学校・子どもの実態にふさわしい柔軟なカリキュラムや、子どもに身近な話題を生かした学校ならではの教材を開発することが望まれます。子どもが発信したいことを題材に盛り込んでいくことが、コミュニケーションの楽しさを生み、発信をうながす動機づけとなるはずです。クラスルーム・イングリッシュの練習[*1]にも定期的に取り組むとよいでしょう。

授業研究を行う際は、その授業のポイントを決め、授業を行い、観察するようにします。焦点を絞った上での授業研究を重ねることで教員全員の授業力が上がるはずです。KJ法[*2]による授業研究にも良い点はありますが、グループでの議論が数名の強い意見に左右されてしまうことも見られ、まだその基盤はできていないようにも思われます。

例えば「積極的にコミュニケーションをとる姿勢を育てる」ことが目的であれば、教室で起きている問題を探ることから始めることです。積極的にコミュニケーションをとっている子どもの具体的な姿を考え、できていないことは何か、改善にはどのような取り組みが必要なのかの仮説を立て、その仮説にふさわしい手立てが行われているか、児童の変容は起こったか、うまくいかなかったとすれば何がいけなかったのかを省察し、再度修正していくプロセスが必要です。このようにアクション・リサーチ（Action Research）での取り組みを進め、PDCA（Plan-Do-Check-Action）のサイクルを回していくことが大切です。

時間をかけてでも確実に足固めを行い、Teacher Training ではなく Teacher Development としての研修を積み重ねていくことが理想です。

関連ページ　⇒　p. 198

ここがポイント

- 👑 研修で最も大切なのは教師集団としての共通理解を図ることです。
- 👑 アクション・リサーチによる授業改善に取り組んでみましょう。

[*1] 参考教材例：成美堂『小学校英語教育の進め方―「ことばの教育」として―［改訂版］』付属CD（音楽に乗って練習できる教室英語150フレーズを収録）（巻末ページ参照）
[*2] グループで、カードを用いて情報やデータをまとめる研究手法。

55 小中の接続と連携を考えよう
領域と教科の接続・連携はどこまで可能か

　小中連携の大切さが叫ばれていますが、中学校の英語教員がみな小学校の「外国語活動」を十分理解しているわけではありません。連携を進めるために、小中の教員を中心とする連絡協議会を設置したところ、中学校英語教員から「英語科」との直接的な接続を求められ、「外国語活動」の意義が薄れてしまったケースもあるといいます。小中の接続と連携はどのように考えればよいでしょうか。

考えてみましょう

　『小学校学習指導要領』『学習指導要領解説』『英語ノート』を読んだことのある中学校英語教員の割合はどれくらいでしょうか。なかには、中学校学習指導要領にも目を通していない教員もいるかもしれません。保護者と同様、「小学校で英語が始まる」くらいしか理解していない場合もあるでしょう。

　そういう意味では、小学校と中学校が連携を図る第一歩は、当然教員間の情報交換から始まるはずです。お互いの授業参観も起こるでしょうし、年間カリキュラムや言語材料に関する情報、指導法や活動内容の提供も望まれます。それらを通して、特に中学校の英語教員のほうが、小学校外国語活動の実態を知ることが大切です。

　実際に中学校の英語教員が小学校の授業を担当するような場合も増えてきているようです。小学校学習指導要領や『英語ノート』をよく研究して小学校の先生と一緒に授業を行ったり、自らが中心になって授業を進めたりしている先生もいらっしゃいます。その一方で、どう見ても中学校の授業をそのまま小学校に降ろしているとしか思えない授業をしている先生もいることは確かです。そういう方は、「この指導でないと英語の力はつきません」と主張される傾向があるようです。このような強引な先生には、小学校側も困惑せざるをえません。英語の力を育ててくれとは、誰もお願いしていないはずです。

10 教師集団としての取り組みへ

　中学校段階でやるべきことと、小学校外国語活動で行うべきことは、しっかりと分けて考える必要があります。中学校1年生の夏休みを過ぎたあたりから、英語への苦手意識を持つ生徒が急増するようです。単に中学校の英語の授業を小学校に降ろしてしまえば、英語嫌いが早めに生まれるだけでしょう。

こうしてみませんか

　そもそも小学校の外国語活動と中学校の外国語科では目的も異なりますし、授業の頻度も異なります。したがって、このふたつを系統性を持たせて接続させることは簡単ではありません。とはいえ、系統性ははっきりとしていないものの、言語材料やコミュニケーションの場面や働きについては、学習指導要領上で共通点はあると言えます。その点では、接続の方法を見出すことも可能と言えるでしょう。

　広島県尾道市立日比崎小学校と同日比崎中学校では、有機的な連携が実現しつつあります。研修会などを合同で進めるだけでなく、小学校側は外国語活動のカリキュラム、評価計画、活動等に関する情報を中学校に渡し、中学校側は、中学校の教科書にそれらがどのように関連するかを研究し、小学校段階で子どもが経験したことを踏まえた上で中学校の授業づくりを行っています。

　また、中学校教員による、小学校での授業観察、授業参加、指導も進めています。卒業した中学生が小学校にやってきて、低学年に絵本の読み聞かせをするといった「人の連携」も始まっています。

　「外国語活動」の可能性を探るためにも、「外国語科」につなげるための拙速な接続が求められるべきではありません。あくまでも中学校側が、小学校における外国語活動を知り、その上に自分たちの教育をどのように接続していくかを検討することが望まれます。

関連ページ　⇒　p. 194、p. 222

ここがポイント

- 中学校英語教員のほうが、小学校外国語活動の実態を知る努力を。
- 拙速な接続より、外国語活動についての共通理解を深めることが大切です。

REFLECTION （ふりかえり・まとめ）

10章　教師集団としての取り組みへ

★以下の項目についてどれくらい理解できているか、マーカーで塗ってみましょう。十分に理解できていない項目は読み直しておきましょう。

・学校や子どもの実態に合った指導の大切さ

| 0% | 25% | 50% | 75% | 100% |

・保護者の理解を得るための手立て

| 0% | 25% | 50% | 75% | 100% |

・望ましい研修のあり方

| 0% | 25% | 50% | 75% | 100% |

・小中の連携と接続に必要なこと

| 0% | 25% | 50% | 75% | 100% |

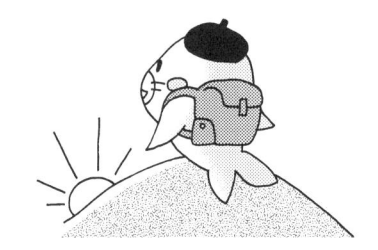

11章

[座談会]

外国語活動には
子どもを変える力がある

担任だから創れる　広がりを生む授業

学級経営に生かせる外国語活動のよさとは？
担任だからできることとは？
現場で子どもたちと向き合う先生方の声を聞きます。

> はじめは「英語よりも国語や算数を……」
> と思っていました

——まず、先生方と、英語や外国語活動との関わりについて教えてください。

（吉見）私の趣味は音楽ですが、音楽が縁で友人になった外国の人とコミュニケーションをとるとき、歌や楽器と英語があれば、どの国の人とも、ある程度の意思は通じ合えると感じています。またアメリカの教員と話したとき、国が違っても同じ仕事だからか、互いのクラスの子どもの姿に共感し合ったり、語彙が十分でなくても、授業に対する互いの考えを想像してわかり合えたりしました。そんなふうに、「人と人が近づき、つながってゆく楽しさ」を子どもたちに渡せたらいいなあと思って、国際理解から外国語活動に入ったんです。

（三谷）研修でシンガポールに行ったときに、街でアメリカ人の学生から、当然のように英語で道を聞かれたんです。とまどっている私の反応に相手は怪訝そうな顔をしていました。シンガポールではごくふつうに英語が飛び交っていますからね。結局、地図を買って一緒に調べてあげたんですが、つたない英語でも、そうやってコミュニケーションをとって喜んでもらえたという経験はとても大きかったですね。子どもたちに

吉見香奈子
（松山市立雄郡小学校）
ボランティアや企業派遣研修での経験やつながりを生かし国際理解の視点を含んだ外国語活動を実践している。

三谷浩司
（宇和島市立喜佐方小学校）
前任の地域を含め、10年以上の経験がある。担任として、人間関係づくりも意識しながら外国語活動に取り組む。

山本千明
（新居浜市立角野小学校）
社会人としての経験から、カウンセリングと外国語活動の共通点を生かした実践に取り組んでいる。

※敬称略。所属は2011年4月のものです。　協力：松山大学アクション・リサーチ研究会*

* 平成20年度、アクション・リサーチによる授業改善の研究を目的に発足。愛媛県内の小学校教員から、中高の英語教員までが主なメンバー。

も、「日本から一歩外に出たときに、ちゃんとコミュニケーションがとれる人になってほしい」という思いがあります。

（山本）私は英語は好きではありませんでしたが、いろいろな場所に行くのが好きだったので、大人になってから勉強し始めました。以前務めていた学校では総合的な学習の時間で英語活動をかなりやっていて、いわゆる英会話、「英語を話せるようになるのが目的」という時間でした。でも、そんな簡単に英語ができるようになるとはとても思えなかったし、「英会話を教えるより、国語や算数の力をつけるほうが先ではないか」と思っていたんです。

——それが変わったきっかけは。

（山本）県の研修で金森先生の講演を聞いて。それまで自分が英語活動に対して思っていたことと全然違っていたんです。英語を通じて、子どもたちの自尊感情や他者理解の気持ちを育むことができる、人間教育だというお話を聞いて、目からウロコでした。私は10年ほどカウンセリングの勉強をしていて、構成的グループエンカウンター（以下エンカウンター）*にもずっと取り組んでいたので、すごく重なることがありました。

外国語活動で
大事な力をつけられるかもしれない

（金森）山本先生は、先生になる前に社会人経験があるんですよね。

（山本）はい。最終的には先生になるつもりだったのですが、一度社会を経験してからと。そこで感じたのが、社会では「コミュニケーション能力」や、「伝えたいことを伝えるプレゼン能力」がすごく大事だということ。ところが子どもたちに足りないのが、まさにそういう「話す」「聞く」力なんです。そういう能力をどうにか子どもたちにつけてあげたいと思って勉強して、出合ったのがエンカウンターでした。なので、金森先生のお話を聞い

金森 強（本書著者）

*p.146参照。

　　　　て、英語教育への考え方が180度変わりました。外国語活動で、もしかしたら子どもたちに大事な力をつけることができるかもしれないと、大きな可能性を感じたんです。今は、外国語活動でも、カウンセリングの視点での人間関係づくりに取り組んでいます。具体的な活動としては「3つの部屋」*¹ などがあります。

（吉見）私も、関係づくりより英語スキルを中心にした授業を重ねると、英語嫌いを生むと感じています。だから金森先生のお話で、「スキルじゃなくていい。ゆっくり、できることから」と聞いて、すごくうれしかったんです。ただ単語や文型を覚えるんじゃなくて、子どもたちが外国に行ったとき、「自分が何者で故郷はどこか、どんな気候・風土でどんな文化があるか」、そんな「語る中身」を持っていてほしいと思うから。自分を知り故郷を知り、人とわかり合う、そんなことを素材にできないかと考えています。例えば、book という単語ひとつとっても、「本は英語で book です」と、ただ教えるのではなく、初めに子どもに「あなたの好きな本は何？」とたずねてイメージさせ、そこに book ということばを渡します。そうすれば単語だけがひとり歩きせず、ことばが子ども自身の「語る中身」と重なっていくのではないかと思います。

（三谷）金森先生のお話や本の中に、「競争じゃなくて、協力を」*² ということがありますよね。クラスで競争型のゲームを行うと、子どもたちは喜んでやるんですが、どうしても「勝つ」ということに意識がいってしまいます。そこで、みんなで協力・協働するゲームを取り入れてみたんです。すると「みんなでがんばろう」という声が上がり、楽しんで取り組むようになりました。アクティビティの方法や視点を変えれば、やっぱり子どもは変わるんだなということを実感しました。学級経営上も、そういうことがプラスに働いています。ですから、そういった視点をもっと教わりたいと思っています。

活躍できにくい子どもが、外国語活動では
きらっと光る

―外国語活動ならではの良さとして、どんなことがありますか。

（吉見）5、6年生くらいになると、子どもたちは点数など見えやすい基準で、無意識のうちに序列をつくりがちに思えます。「勉強はこの子が一番」というように。でも、外国語活動では大逆転が起こるんです。ある授業のコミュニケーション活動で、ふだん内気な A さんの表情がとても良かった日、授業の終わりに、みんなの印象に

---

*¹ p.147「3つのコーナー」と同じ。　*² p.126、p.128 参照。

相手への想像力や思いやり 大切な教育が 外国語活動で できるかもしれない

残ったことを聞いたら、「Aちゃんの言い方が優しいので、うれしかったです」っていうことが、実に多くの子どもたちから出てきたんです。

(三谷) 確かに、外国語活動のとき表情が明るくなる子がけっこういます。

(山本) うちのクラスにも本当に内気な子がいました。でも、その子がとても関心のあるテーマの活動があったとき、外国語活動の時間をとっても楽しみにするようになったんです。そこからですね。英語の時間になったら自分からみんなに話ができるようになって。アンケートにも「楽しかった」って書いていました。他の授業では活躍の場面が与えられにくい子が、きらっと光ることがある。逆転現象が起こるんですね。

(三谷) それはありますね。そういうときに外国語活動の可能性を感じます。

(金森) 自分が受け止められる楽しさ、自己表現するうれしさを、外国語活動では体験することができる。そこが大切ですね。ただ単語を覚えたりリピートしたり、あわててたくさん発話させるだけの授業では、それが起こらない。

子どもの人間関係が変わり、教師との距離感も近くなる

(山本) 外国語活動によって、子どもたちの人間関係がうまくいって、授業もうまくいく。学級経営上もすごくいいです。いい相互作用があるなと思いますね。

人と人とが、つながり合い
わかり合う
その楽しさを
子どもが体感するような
活動をつくりたい

（三谷）そうですね。子どもどうしの距離感も近くなるし、教師と子どもたちの距離感も近くなる。ふつうの授業では、なかなか握手する場面なんてないですよね。でも、外国語活動でSilent Greeting*をやっていくと、子どもたちが私に寄ってくるようになるんですよ（笑）。

（山本）高学年になると人間関係が固まってくるでしょう。仲が悪いわけじゃないんだけど、ふだん話をしない友達もいる。外国語活動ではいろいろな場の設定の中で、いろいろな子と関わることになるので、同じクラスなのに「えー、○○ちゃん、そうだった？」という発見が毎回あるんです。

（吉見）子どもどうしが互いの距離感を見つける場にもなっているのかもしれませんね。ほどよい距離がわかれば、話したり自分を表現したりすることが、だんだん楽になるし。

（山本）確かに、うまく距離感をとれない子がたくさんいますよね。

（三谷）私の勤務校はとても小さいので、人間関係が固定化しがちです。でも、そのできあがった人間関係をバラバラにするのではなくて、くっつけてやるという視点ですね。例えばひとり対3人を、ひとり対5-6人にする、そういう活動を考えるんです。以前は男女がはっきり分かれていたのが、活動させているうちに、男女一緒に行動することがふつうになります。だから私にとっては、外国語活動の授業は、「英語を教えている」という感覚ではないんです。他教科でも話し合い活動は意図的にやっています。自分が考えたものについて、友達に興味を持ってもらうという感覚で。

*p. 44参照。

（金森）先生たちが、ふだんからそういう視点で子どもたちを見て、考えているからこそできることです。そうでない先生にとっては、外国語活動はたいへんなだけに思えてしまうのかもしれませんね。

（吉見）子どもやクラスがこんなに変わった、という実例、エピソード集があるといいですね。外国語活動って、英語に慣れ親しむだけじゃないんだと。

コミュニケーションで大切なことを先生がどう伝えるか

——「ビッグボイス」「ビッグスマイル」「アイコンタクト」*という合言葉がよく使われますね。

（金森）「ビッグボイス」はだいぶ少なくなってきましたね。なぜ大声を出す必要があるのか。適切な大きさで、状況に合わせて伝えることが大切なのに。

（吉見）私が気になるのは「アイコンタクト」です。ひと言でアイコンタクトと言っても、共感・反発・問いかけなど何種類ものアイコンタクトがあると思うんです。だから、「アイコンタクトしましょう」ということばそのもので指示が出されている授業場面に出合うと、子どもが「笑顔でうなずく」という、ある一種類のアイコンタクトを知ることだけで終わってしまわないかと考えます。「アイコンタクト」に含まれる意味や大切さを見過ごしてしまうのではと。

（金森）そうですね。だから教員研修では、「目力（めぢから）の活動」をやってもらうんです。子どもをしかるときの目力。うれしいときの目力。卒業生を送り出すときの、願いを込めた目力。そうすると、目だけじゃない、伝えるには顔全体、体全体の表現も大切なんだと気づく。ひとくくりで「アイコンタクト」と言うことに意味はないんだと気づいてもらいます。「ことばを使わないで素敵なあいさつをしてきてごらん」と言えば、子どもも工夫して自分で気づくんです。無理やりさせる「アイコンタクト」じゃなくて、自分で考えて行動するようになる。次に、「英語で3人と素敵なあいさつをしてきてごらん」と。すると、「○○くんの気持ちが伝わってきた」「両手で握手してくれてうれしかった」と、どんなことが大切かに気づくんです。先生が「どんなコミュニケーションを持てたか」を評価してあげることが必要です。

* p. 30、p. 42、p. 44、p. 50、p.122、p.125参照。

上海では
「英語力をつけるには
試験が一番」という
日本の教員は違うぞ、と思う

(三谷) 研修で上海の学校に行ったとき、ものすごい訓練のような授業をしているのに、実際に子どもたちに "What's your name?" と聞いたら返事が返ってこないんですよ。天津でも同じでした。いっぱい練習しているのに、実際のコミュニケーションの場面ではなぜか生かされない。

(吉見) 実際の体験を経ているかどうかですよね。例えば算数だったら、最初から面積の公式を提示するのではなく、「花壇の広さを調べるにはどうしたらいいかな」という問いから始まり、そこからみんなで考えることを通して、答えや公式が導き出される。外国語活動でもそういう体験的な場が必要なのではないかと思います。

(金森) 生きた「ことば」として練習していない限り、いくらトレーニングしたとしても、使う力にはつながっていかないんです。自分で考えたことじゃないと、本当のことばにならない。だから、子どもの心が動く手立て、心を耕す努力が必要になるんです。言いたくなること、聞きたくなること、伝えたいことを考えていかないといけない。そこで、担任の力が必要になるんです。

自然にアイコンタクトが
起こる活動を考えることが大事

(三谷) 金森先生に教えてもらった「テレパシーゲーム」*を行いながら、子どもたちがどこを見ているかを観察したことがありました。みんな、友達の表情を読み取ろうと、体を引いて見てみたり、全体を見ようとしたりしているんです。そういうことを取り入

---

* グループの子どもたちの背中に向かってひとりが声をかけ、誰に向かって言われたものかを感じとるゲーム。p. 35も参照。

れてあげると、「アイコンタクト」と言わなくても、自然にそうするようになる。"Who am I?"の活動でも、「うーん。答えは、この班の誰かなんだよなー」と言えば、みんなその班の子たちの表情をよく見るようになる。アイコンタクトが起こる必要性のあるゲームを取り入れれば、自然にそれは起こるんです。

（金森）そう。結果としてアイコンタクトが起こってしまうのが大事なんです。

（吉見）コミュニケーションもそうですね。子どもたちがやりとりしていて、表面的に盛り上がっていたら、教師は正直ホッとするけど、コミュニケーション能力の育ちとは別ですよね。「コミュニケーション能力の素地って、どんなこと?」というのを、もっとみんなで考えて共有していく必要があると思います。

（金森）小学校の先生は、外国語活動を考えることで、「コミュニケーション」って何だろうと考え始める。そこがすごくいいところだと思いますね。コミュニケーション能力って何だろう、アイコンタクトってどんなこと？ と。いろんなことに気づいたら、すごくいい授業をするんです。そういうことに気づいてもらう研修が必要なんだと思います。なのに、研修で先生の発音矯正ばかりを一生懸命行う市町村もあって、先生方が外国語活動への憎しみさえ抱いてしまう。

（三谷）発音は、よくなくても通じます。通じることが大事ですね。

（山本）できないよりできるほうがいいけど、大切なのはそこじゃないですよね。

（吉見）ネイティブに近い発音だったら、思いがよりよく相手に伝わるか？ と考えたら、そういうわけでもないですからね。

（金森）発音よりも「ことばを大切にする」先生であってほしいですね。尾道の日比崎小学校では、外国語活動だけじゃなく国語の時間含め、全教科で「コミュニケーション」を軸にした取り組み*をしています。そのことですべてのカリキュラムや授業の見方・指導が変わってきています。

英語を覚えることは簡単じゃない 教えすぎないことが大切

—授業ではどんなことに気をつけていますか。

（山本）私は今、アラビア語を習っているんです。金森先生が「子どもにとって英語は難しい。そんなに覚えられない」っていつもおっしゃることが、実感としてすごくよくわかります。

（吉見）例えば、初めて聞く数字を、わーっと一気に教えて聞かせて、すぐ言わせようとしても、まず無理で、きっと言えない。

（山本）文字もそうです。読めたときはうれしいけど、もし黒板にばーっと書かれたら、絶対に何のことかわからない。

（吉見）コミュニケーション能力って、そういう、相手の状況への想像力だと思うんです。外国語活動においても、子どもへの想像力が大切なように思います。

（金森）先生たちはある程度英語がわかるから、子どもにとってどれだけ難しいことをさせているか、わからなくなってしまう。高いレベルのことを求めすぎないことが大切です。

（三谷）子どもってまじめですよね。「先生、どう発音するか忘れてしまいました。どうしたら覚えられるのですか?」と言いにくるんです。だから「忘れてもいいんだよ」と。

（金森）忘れて当然なんです。また次の時間で思い出させてあげればいい。何度も同じ表現に出くわして、だんだん自分のものになっていけばいい。それでも、その時間の中だけでも、「できた」という達成感を与えることが大切です。だから教えすぎてはいけないんです。

*p. 194参照。

「聞く活動」を豊かに
隣の人に耳を傾けられる子を

（三谷）聞く活動の工夫は必要だと思いますね。聞く活動が少ないと、なかなか自然に言えるようになりませんから。

（吉見）ALTだけでなく、外国語活動アシスタントとして、地域の方や松山大学・愛媛大学の学生さんが来てくれています。なので、打ち合わせをしながら、いろいろなパターンで必然性のあるやりとりをつくり、子どもに聞かせる工夫ができます。

（山本）公開授業をしたときに、意識していろいろな聞く活動をしました。地域のものや子どもたちの日常生活から素材を持ってきて、教材を工夫して。自然な発話につなげるには、十分聞く活動がとても大事だなと思います。

（金森）発話をさせる授業は多いのですが、もっと聞く活動を豊かにしていく必要はありますね。「話す」ことより「聞く」ことが大事。隣の人に耳を傾けることができる子を育てることが大切なんです。フィンランドの子どもたちは先生の話も友達の話も本当によく聞きます。子どもたちが「聞いてみたい」と思える教材や活動を準備するのも先生の腕です。

子どもに合わせた小さいハードルを置く
担任だからできること

（三谷）それぞれのクラスに特徴があって、この活動は向かないクラス、というのもあるんですよね。型にはめずに、子どもの実態に合わせて授業をアレンジしていくことが大切じゃないかと思います。

（金森）行政が決まったパターンを指導していることもありますね。歌で入って、単語のチャンツ、次はゲーム、ワークシートやって……と全部決まっている。パターン化することで安心する子どもたちもいるけれど、全部の学校が同じようにやる必要はないでしょうね。そのほうが楽かもしれませんが。

（三谷）「わくわく」がほしいですね。「ひながた」があっても、自分のクラスの子どもたちに合わせて書き換えてあげたいと思っています。

（山本）そのまま使おうとしても難しいことがありますよね。

（吉見）そうですね。子どもの実態に合わせるのと……、ちょっとだけがんばったらできるような「小さいハードル」を置いてみるのもいいと思います。例えば、ひとこと話すのにもとどう子もいる。それを知っているから、無理しすぎなくても表現できそうな場面を意図的に入れてみるんです。

（金森）担任だから、どこにどんなハードルを置けばいいかわかるんですよね。週1回だけしか来ない外部講師にはそれはできないことだと思います。

（三谷）私たちの学校は担任主導でやっていますが、JTE の人には、できるだけ子どもたちの中に入って声をかけてもらうようにしています。ALT にも入ってもらいますね。

（吉見）アシスタントの方が、目の前の子どもに合わせて柔軟に対応してくれると、とてもありがたいなあと思います。

（金森）その人自身の資質がものを言います。学校や先生が甘えて何でもお願いしてしまうのは一番良くないですね。元中学校の英語の先生が授業をしたら、英語はうまいけど、子どもが全然理解できない内容だったりとか、よくあります。

地域の人たちにも、外国語活動のねらいをきちんと伝えたい

—今、気になっている課題などをお聞かせください。

（吉見）評価についてですが、生活科や総合的な学習の時間で行ってきた子どもの変化や気づきを評価することと、外国語活動のそれはとても似ていると思えます。英語力に重心をとられず、小学校の教員がこれまでしてきた子どもの見取り方や視点を見直していけば、外国語活動のいい評価規準もつくれるんじゃないかな

子どもの心が動く授業を
中学校での学習意欲へ
つながる外国語活動を

と思っています。あとは、ねらいについて地域啓発ができるような場をつくっていきたいですね。

(山本) 保護者には、外国語活動をこんなねらいでやっていますということを伝えていくことが大事だと思います。授業の場だけを見て評価されてしまうとしたら残念。学校便りの効果的な利用も大切ですね。

(三谷) 私の学校では、地域の人も参観日に来られます。「何のための授業なのか」、「人間関係づくりもねらっているんですよ」とか、情報の発信をして理解を得ること、地域に広げていくことが必要だと思っています。

(吉見) これまで、自分の授業でも地元の素材を活用してきましたが、今、アクション・リサーチ研究会でも地域素材を用いた教材開発をしていて、そのために、市や県の観光協会等で写真素材を貸していただいています。そういった団体にも、外国語活動について知ってもらったり、協力してもらったりするのもいいかもしれませんね。

(金森) 保護者に、授業の価値や、先生方の取り組みの意味が伝わるような方法を考える必要があります。その前にまず管理職の理解も必要ですね。オール・イングリッシュでやらなきゃいけないとか、大きな声を出せとか、徹底的なドリルが大事とか、ネイティブ・スピーカーの授業がいいとか。国語では「伝え合う」「響き合う」を大切にしている学校が、外国語活動になると、なぜかとたんにことばを大切にしなくなってしまう。まだそういうところもあるので、言い続けていかないといけないと思っています。

外国語活動を通して
育てたい力、願い

―最後に、外国語活動への先生方の願いを聞かせてください。

（三谷）上海の学校で「英語の力を伸ばすためには試験が一番」と言われたことがショックでした。でも、それ以外の手を何とか見つけていきたいというのが私の気持ちです。日本の教員は違うぞ、と。また、宇和島という地域を生かした教材作りにも取り組みたいと思っています。

（吉見）私は、「地域を語る」ということを通して、自己信頼感を持ってもらえるような授業づくりをしたいと思っています。外国を知ると同時に自分のことや自国文化を語っていこうとする子どもたちを育てたいですね。

（金森）子どもたちが発信する内容にALTやゲストスピーカーが興味を持ってくれたら、「肯定された、うれしい」と思えますからね。だから、先生たち自身が教材開発をするのがいいんです。

（山本）私はエンカウンターから外国語活動に入っているので、「リレーションづくり」と「自己発見」が大きなねらいです。今後は、グループの活動を工夫した授業に取り組んでみたいと思っています。また、「ひとりの100歩より（教職員）100人の1歩」だと思うので、学校の中でも共通理解が進んでいくように努力したいと思います。

（金森）外国語活動の導入は、学校にも学級経営にも子どもたちの成長にも、チャンスがひとつ増えたことだと言えそうですね。知識やスキルでなく「心」が育つ教育は、担任の先生だからこそできることだと思っています。中学校の英語の時間を心待ちにするような体験を与えてほしいと思います。一緒に一歩ずつ進んでいきましょう。

終章

外国語活動の未来へ

◎〈特別寄稿〉
中学校からの英語教育はどう変わるか
―小学校との接続を踏まえて―
平木 裕（国立教育政策研究所　教育課程調査官）

◎ **小学校外国語活動の展望**

小学校での外国語活動の導入により、日本の英語教育全体も大きな変化の時期を迎えています。これからの外国語活動および英語教育全体の方向性を探っていきます。

〈特別寄稿〉
中学校からの英語教育はどう変わるか
― 小学校との接続を踏まえて ―

平成24年度から中学校で新学習指導要領が全面実施となります。改訂のポイントと、小学校外国語活動との関わりについてお話したいと思います。

平木 裕
(国立教育政策研究所
教育課程調査官)

(1) 新学習指導要領改訂のポイント

① 目標の変更

まず、小学校での外国語活動が導入されたことによる中学校の目標の変更点があります。これまで「聞くこと」「話すこと」に重点が置かれていたのが、小学校段階で音声面を中心としたコミュニケーション能力の素地が養われることを踏まえて、中学校では「聞くこと」「話すこと」「読むこと」「書くこと」の4技能をバランスよく身につけることが目標の柱のひとつとなりました。

② 授業時数の増加

授業時数が各学年とも週1コマずつ増加し、週4コマになるのも大きな変化です。これは、全教科で最も大きな増加幅であり、また3年間の合計420時間は全教科で最も多い時間数です。中教審答申で、「外国語教育の充実」が重点事項のひとつとして掲げられており、時数の面でも充実が図られることになったわけです。

③ 語数の増加

指導する語数については、これまでは「900語程度まで」だったのが「1200語程度」となりました。この語数は、授業時数が週あたり3コマから4コマに増加するのに合わせたものであり、週あるいは1回の授業あたりで考えれば変わらず、生徒の負担が増えるということではありません。

（2）中学校外国語科で望まれる指導

① まとまった内容を取り扱うこと

　指導事項の変更点としては、「聞くこと」「話すこと」「読むこと」「書くこと」それぞれの領域について、一定のまとまりのある内容を扱い、文章レベルで活動を行うという視点が入れられています。例えば、まとまった内容を聞いて概要や要点を聞き取ること、簡単なスピーチをすることなどが言語活動として示されています。

② 活用することを通して定着を図ること

　指導にあたっての配慮事項として、実際の活動の中で、英語の知識や技能を活用しながらその定着を図るということがあります。機械的に覚えさせるような指導ではなく、互いの考えや気持ちを伝え合うような実際の活動において、使いながら理解し、定着させることがポイントです。文法についても、「コミュニケーションを支えるものであること」を踏まえつつ、言語活動と効果的に関連づけて指導することが求められています。

③ 音声指導の部分も丁寧に

　「発音と綴りとを関連付けて指導する」という項目も今回初めて入った内容です。これは小学校の外国語活動と関連があります。子どもたちが音声を中心として慣れ親しんでくることを踏まえ、「例えば apple という音声は、こういう文字で表すんだ」ということがわかるよう、音声と文字との関係を丁寧に指導していく必要があると考えています。

　これ以外の変更点としては、扱う題材について「伝統文化」「自然科学」が追加されたことがあります。また、複数の技能を「統合的に活用できるコミュニケーション能力」を育成するということがあります。私たちの生活場面を考えても、「聞く」「話す」「読む」「書く」という4つのうち、ひとつだけで完結するコミュニケーションはほとんどありません。例えば「聞いて終わりではなく伝える、そして伝えたことを書く」といったように、他の領域の言語活動と有機的に関連づけ、発展させる工夫をしていただきたいと思っています。

(3) 外国語活動を踏まえた配慮事項

① 小学校でやってきたことを踏まえて

　学習指導要領には、小学校における外国語活動を踏まえて指導することが明記されています。なお、外国語活動において「音声面を中心としたコミュニケーションに対する積極的な態度などの一定の素地が育成されること」が期待されているわけですが、だからといって、中学校1年生の初めに、「聞く」「話す」をないがしろにしてすぐに「読む」「書く」を教える、ということではありません。小学校で慣れ親しんでいるとはいっても、子どもたちの実態を踏まえてスムーズな接続が図れるよう、丁寧に指導する必要があります。

② 校区の子どもたちの実態を知る

　指導計画の作成にあたっても、外国語活動との関連に留意することが示されています。中学校の先生方は、校区の小学校で子どもたちがどのような教材を使い、どのような体験をしてきたのか、どの程度英語に慣れ親しんでいるのか、その実態をよく把握し、丁寧な指導をすることが求められています。校区における外国語活動の情報を持っていない場合、困るのは中学校の先生です。目の前の子どもたちが経験してきたことを一切無視して授業をスタートさせることはできません。

　小中学校の連携の方法としては、校区内で定期的に交流し、情報交換することが望ましいと言えます。あるいは、学期ごとに、使った教材を提供してもらったり、子どもの様子を教えてもらったりすることも考えられます。最も良いのは、やはり直接小学校に出向いてみることです。

　地域によっては小中連携協議会のようなものを設けているところも多いと思いますが、教育委員会や中学校の英語部会など、どこかがイニシアチブをとって動かしていく必要もあるでしょう。

③ 外国語活動への理解を

　中学校から小学校への要望として、「アルファベットくらい教えておいてほしい」といった声もあると聞きます。小学校の外国語活動の目標について十分な理解がさ

れていないことがその原因と考えられます。中学校の先生には、小学校の外国語活動が何をねらうのか、どのような内容が行われるのか、十分に理解していただく必要があると思います。

(4) 小学校の先生へのアドバイス

① 中学校との違いをよく理解して
　小学校の外国語活動は中学校の外国語科とは目標が異なりますので、そこをよく踏まえていただくことが大切です。中学校の目標と比べてどこがどう違うかを理解していただければ、小学校の先生も、安心して授業に取り組めるはずです。

② 英語そのものの指導は求めていない
　小学校の先生のほとんどが英語のプロではありません。したがって、不安を感じる先生が多いことはよくわかります。ここで押さえておく必要があるのは、担任の先生方に英語そのものの指導を求めているわけではないということです。英語のモデルについては、あくまでもきちんとしたモデルを提供すべきですから、T.T. (Team Teaching) などの授業形態や、ICT 教材を大いに活用していただければと思います。先生方は「英語のモデル」ではなく「英語を使用しようとするモデル」だと考えてください。また、授業を英語だけで進めなくてはいけないということもありません。日本語もうまく使いながら進めていただければと思います。

③ 授業づくり、子どもの指導の中心となって
　学級担任の最大の役割は何かというと、「子どもたちをしっかり指導する」こと、すなわち授業のマネジメントと言えます。児童への基本的な指導については、児童理解という面からも学級担任に勝る人はいません。児童が英語を用いたコミュニケーションを楽しめるような場面設定ができるのは、担任の先生ならではでしょう。そういう点で、T.T. を行う場合でも、担任の先生こそが主役なのです。子どもたちの実態に合わせて、無理なく授業を進めていっていただけたらと思います。

小学校外国語活動の展望

小学校外国語活動の今後の広がりに期待

　小学校教員の強みは、教科別に分かれる中学校と違って、外国語活動以外のいろいろな教科を指導している点にあります。加えて、学級担任として児童との絆が強いこともあり、そこから教科横断的な取り組みが生まれる可能性が期待できます。また、学級経営につながる共同（協働）学習としての実践の芽もすでに出てきているようです。

　「外国語活動」として、学級担任ならではの「コミュニケーション・ことばの教育」としての取り組みが進めば、「外国語・他文化との出合い」「心をひらき、違いを受け止める態度の育成」「人と関わり社会性を育む」ことを大切にする外国語教育としての新しい広がりが生まれてくるかもしれません。拙速に教科化へ向かう前に、「外国語活動」としての成果をしっかりと検討する必要があると考えます。

中学校が覚悟しておくこと

　小学校外国語活動を経験してきた生徒を受け入れる側として、中学校ではどのような心構えが必要なのでしょうか。文部科学省が作成した『英語ノート』や指導者用資料、付属CD-ROMなどがあれば、小学校の担任教師だけで授業は成立するはずであり、全国で同じ内容を学んでくるのであれば、中学校はこれまで通りに検定教科書を用いて授業を進めていけばよいとも考えられます。ただし、実際はそう簡単にはいかないはずです。

　というのも、『英語ノート』は国定教科書でも検定教科書でもなく、道徳の『心のノート』同様、小学校で使用する義務はないからです。また、領域である「外国語活動」には数値等による評定はなく、スキルや知識の定着が目標とはなっていません。各小学校の独自の指導や教材を通して、英語を使ったコミュニケーション活動を体験してくることは確かですが、どのような1年生が中学校に入学してくるかは未知数のままです。さらに、週1時間の外国語活動ではあっても、その1時間で英語への苦手意識を持ったり、嫌いになったりする生徒が出てくる可能性は十分にあります。小学校から中学校へのスムーズな接続のための取り組みが望まれるものの、これはまだ十分に進んでいないのが現実でしょう。

「再チャレンジ」を可能にする指導を

「外国語活動」を受けてきた生徒にはどのような授業の提供が望ましいのでしょうか。これまでと同じような指導ではうまくいきそうもありません。まず、小学校段階で英語への苦手意識を持ってしまった生徒、興味をなくしてしまった生徒には「再チャレンジ」の機会を与えることが必要となるはずです。

具体的には中学校1年生の最初の部分で、小学校段階の復習のためにどれくらいの時間を割けるかがポイントとなります。この点を十分練った上で構成されている教科書を用いる学校と、そうでない学校では、仕切り直しの場を提供する点において、大きな差が出るものと予測されます。少なくとも同じ管内で、生徒が外国語活動としてどのような体験をしてきているのかを知った上で中学校の授業を進めなければ、中学校での学びへの興味が高まることも少ないはずです。

小中高へとつながる言語教育政策の確立を

言語能力は生涯に渡って培われるものであり、小学校だけで育てるものではありません。小学校から中学校、高等学校までの一貫した外国語教育政策を確立し、どの段階までにどのような力を身につけるのか、各段階がどのような役割を果たすのが最も効果的・効率的であるかを十分に検討する必要があります。英語教育の責任を小学校だけに押しつけるべきでないのは言うまでもありません。特に中学校における英語教育、その後の第二外国語教育の導入時期、指導のあり方について、今後さらに検討し、望ましい政策を提案していくことが大切だと言えます。

例えば、小中学校の9年一貫カリキュラム（低学年：1-4年生、中学年：5-7年、高学年：8-9年）を進めることで、中学年から英語が教科として実施される可能性もあるでしょう。それでも、「異なる言語や文化との出合い」となる教育の実践は必要であり、「外国語活動」がめざすコミュニケーション、言語の大切さやおもしろさを体験的に学ぶ機会は必要です。このような内容が、「ことばコミュニケーション科」というような名称で小学校課程に組み入れられるようなことも考えられます。既成の概念にとらわれずに、言語教育の一環として、母語教育、外国語教育、第二外国語教育政策を講じることが望ましいと言えるでしょう。

あ と が き

　小学校の「外国語活動」は、陸上競技の走り高跳びでいえば、助走に入る前の段階と言えます。目標のバーに向かって走り出すための準備段階として、「よし、跳んでみよう！」と一歩踏み出す前、呼吸を整えてチャレンジする気持ちが高まってくる段階です。この時点で目標のバーの位置があまりに高すぎれば、最初から跳ぶ気にもならないでしょう。また、跳ぶこと自体に興味が湧かなければ、チャレンジもしないはずです。

　せっかく初めの一歩を踏み出したのに、途中の助走段階で転んだり、疲れてしまったりしては元も子もありません。跳び越えられるかどうかは別として、まずは跳ばせてあげなければいけないでしょうし、可能であれば跳び越える、あるいは、もう少しで跳べそうだという体験を持たせなければ、次のチャレンジへは進めないはずです。

　いろいろな小学校を訪問して見せていただくのは、先生方があの手この手を使って外国語活動を楽しく意義のある体験にしようと努力している姿です。もしかしたら、先生方自身が英語が嫌いだったからかもしれません。自分と同じようにつらい思いをさせたくないという気持ちの表れなのでしょうか。そこから生まれる、小学校教師ならではの視点による教材・教具に期待したい部分もあります。

　私の父親は中学校教師でした。80歳をとうに過ぎた今でも、正月に自宅で教え子と酌み交わす酒はおいしいようです。毎回ほとんど同じ話をしているようにしか見えませんが、それでも、その時間は最高の笑顔になっています。こればかりは教育に従事した者しか味わえない喜びの瞬間とも言えます。

　Hallmark社のテレビCMに、退官する大学時代の恩師にお礼のことばを贈るシーンがあります。恩師が、自分の卒業論文のテーマを覚えてくれていたことを知った教え子の顔の表情はとてもうれしそうです。そして、恩師に贈るカードには次のようなことばが書かれてあります。

　　育つことを願わずに種を蒔く人はいません。
　　先生はこれまでになさったことの全てを
　　覚えてはいらっしゃらないかもしれませんが、
　　先生が蒔いた種は成長し、花を咲かせています。
　　私が、その一人だからです。

感謝の気持ちを贈った後、部屋を出て行こうとする教え子に先生が質問をします。「それで、きみはどんな仕事についたのかね。金融関係かい、それともIT関係なのかね」。一瞬の間が空いた後、教え子ははっきりとした口調で言います。「教師になりました」。答えを聞いた恩師の何とも言えない表情が、見る人間の心をひきつけます。

　現場の先生方から、煩雑な仕事に追われて子どもたちと向き合う時間が十分にとれなくなっているという話をよく耳にします。「本当にやりたい教育ができないまま、残りあと数年になってしまった。最後の時間を悔いがないように子どもたちと向き合いたい」と話してくださった先生もいました。子どもの成長を見守りながら、育てたい児童像に向かって、ゆっくりと進んでいただければと思います。
　未来をつくるのは子どもたちです。何かの縁があって出会うことになった子どもたちとの時間を大切にして、悔いの残らない教師生活を送ってほしいと祈っています。できることは限られているのかもしれませんが、それでもあせらず、前向きに取り組んでいきましょう。もちろん私自身もそうするつもりです。私のモットーは"スマイルカタツムリ大作戦"です。ゆっくりでもいつの間にか進んでいるかたつむりのように、楽しみながら、時には葉っぱの下でひと休みしながら、少しずつ前進していきたいと思っています。
　私自身、もっと勉強しなければいけないことが山のようにあります。また、本著では、十分に伝わらなかった部分もあったことと思いますが、お許しいただければと思います。今後、さらに研鑽（さん）をつみ、より世の中の役に立つ発信をしていければと思っています。ひとりではできないことも、多くの人が集うことで可能になるはずです。読者の方々と一緒に実現できればと願っています。最後に、本書の執筆と出版にあたり、お世話になった多くの皆様に心より感謝申し上げます。

　　　　　　　　　　　　　　　　　　　　　　2011年6月　　金森　強

付録

授業をふりかえる 省察のためのチェックリスト

よりよい授業のために、
以下の項目を定期的にチェックして、授業をふりかえってみましょう。
十分でないところは何度も読み返し、理解を深めてください。

> **[(校内)研修での使い方]**
> 本チェックリストを用いて、参加者が自身の取り組みや意識についてチェックすることで、現状における問題や課題をはっきりさせることができます。その上で研修に取り組んでみましょう。

序章　外国語活動で育てる力 ―目的と理念―
☐ 週1回で英語の力をつけようと思っていませんか。
☐ 全人教育として外国語活動を考えていますか。
☐ 態度・価値観を育てることを大切にしていますか。
☐ 早い完成をめざす必要はないことを理解していますか。

1章　「ことばの教育」であるために
☐ 子どもが安心して授業を受けられる教室になっていますか。
☐ 子どもが理解できるような英語を使っていますか。
☐ 日本語を上手に活用していますか。
☐ 不自然なテンションで授業をしていませんか。
☐ 大きな声よりも、場に応じた適切な声の指導をしていますか。
☐ 先生自身がコミュニケーションのお手本になっていますか。
☐ 早さを競わせて、発話がいいかげんになっていませんか。
☐ 自己紹介やあいさつは、ゆっくり、はっきり行うよう指導していますか。
☐ 子どもの発話を受け止めリアクションを返していますか。
☐ 楽しくて盛り上がるだけの授業で満足していませんか。
☐ じっくり聞いて取り組む活動はありますか。

2章　発音はとっても難しい
☐ 発音をきちんと教えなくてはいけないと思っていませんか。
☐ よく聞いてまねしようとする態度を育てていますか。
☐ ネイティブ・スピーカーの発音をめざさなくてはと思っていませんか。
☐ 文全体のイントネーションに気をつけて指導をしていますか。

- ☐ 積極的に英語でコミュニケーションをとろうとする姿を見せていますか。
- ☐ 音声のモデルは、視聴覚教材を有効に利用していますか。

3章　よりよいT.T.の実施のために
- ☐ ALTにお任せの授業になっていませんか。
- ☐ 担任を中心に、ALTやJTEと上手に役割分担をしていますか。
- ☐ ALTの役割を「英語のお手本」だけと考えていませんか。
- ☐ JTEと共通理解を図れていますか。
- ☐ スキルに偏った指導になっていませんか。
- ☐ ALTの来校を子どもたちの学びの動機づけにしていますか。
- ☐ 担任の先生が果たす役割の大切さを理解していますか。

4章　じっくり聞くことから始めよう
- ☐ 復習の時間をたっぷり取っていますか。
- ☐ 聞く活動はたくさん行っていますか。
- ☐ 『英語ノート』は無理なくアレンジして使っていますか。
- ☐ 活動に全員が最後まで参加できるような工夫をしていますか。
- ☐ 子どもが言いたくなる、聞きたくなるような活動にしていますか。
- ☐ TPRの適切な指導法を理解していますか。
- ☐ 最後まで聞かせる活動の工夫をしていますか。

5章　無理なく発話につなげよう
- ☐ 子どもの声が小さくなっていませんか。
- ☐ 心のこもらない棒読みになっていませんか。
- ☐ 声をそろえることで発話が不自然になっていませんか。
- ☐ 子どもが英語にふりがなをふっていませんか。
- ☐ 難しいスピーチや発表をさせていませんか。
- ☐ 単語がローマ字読みになっていませんか。
- ☐ 文字を見せる前にしておきたい「聞く活動」の方法がわかりますか。
- ☐ 文字の扱いについての留意点はわかりますか。
- ☐ 外来語の活用を工夫していますか。

6章　活動を豊かにするポイント
- ☐ コミュニケーションを持つ必然性がある活動になっていますか。
- ☐ 「アイコンタクト!」と叫んでいませんか。

- □ 一人ひとりときちんと関われるような手立てをとっていますか。
- □ 競争だけでなく、協力の起こる活動を考えていますか。
- □ 同じ言語材料でも、教育的によりよい活動を考えていますか。
- □ 授業形態は、活動に応じてふさわしいものを選んでいますか。
- □ 友達のことを知ったり、思いを伝えたりする活動にしていますか。
- □ 子どもの個性を生かした授業、自尊感情を育てる活動の工夫をしていますか。

7章　教材選びの知恵袋
- □ 歌の選び方、活用の際の留意点がわかっていますか。
- □ チャンツのイントネーションは不自然になっていませんか。
- □ 絵本や紙芝居を使用する際に、書かれた英語を読むだけになっていませんか。
- □ 視聴覚教材の選び方はわかりますか。
- □ デジタル機器の利用にふりまわされていませんか。
- □ 英語劇にたくさんの時間をかけていませんか。
- □ オリジナル教材の開発の視点はわかりますか。
- □ 教材の選び方に基準を持っていますか。

8章　国際教育の充実をめざして
- □ 文化や言語の違いだけでなく共通点にも気づかせる配慮をしていますか。
- □ 言語や文化の知識を与えるだけになっていませんか。
- □ 日本語でも難しい活動に英語で取り組んでいませんか。
- □ 子どもの持つ情報を活用し無理のない連携をしていますか。
- □ 表面的な異文化紹介で終わっていませんか。

9章　目標・評価・指導の一体化を
- □ 評価規準とめあて・指導は一致していますか。
- □ ふりかえりのことばで大切なことを伝えていますか。
- □ 具体的な子どもの姿から評価規準を考えていますか。
- □ 「相手意識を持ちながら聞くこと」への評価を考えていますか。

10章　教師集団としての取り組みへ
- □ 学校や児童の実態に合った指導になっていますか。
- □ 外国語活動の趣旨や学校の取り組みに、保護者の理解は得られていますか。
- □ 充実した研修ができていますか。
- □ 中学校との情報交換はできていますか。

主な参考文献　　※本書内容には、以下*の著作・執筆内容からの一部流用、引用部分を含みます。

岡秀夫、金森強(2009)『小学校英語教育の進め方―「ことばの教育」として―〔改訂版〕』*成美堂
金森強(2003)『最強のレッスンプラン・完全版』*アルク
金森強(2004)『英語力幻想―子どもが変わる英語の教え方―』*アルク
金森強(2006)『「英語」であなたの子どもが変わる!』*研究社
金森強(2007)「今、必要な教育と、英語教育だからできること」*(連載「小学校英語のこれからを考える」より)、連載「ここが知りたい!　英語の教え方Q&A」*、連載「こうすればもっと子どもが輝く!　指導のコツ」*成美堂・小学校英語教育応援サイト　http://www.seibido.co.jp/kids/
金森強(2009)「英語活動のねらいと指導のポイント」『VIEW 21(小学版)』Vol.1　ベネッセコーポレーション
金森強(2009〜2010)連載「『英語ノート』をどう活用するか」*『英語教育』2009年4月号〜2010年3月号　大修館書店
金森強(2009〜2010)連載「これで大丈夫!　小学校外国語活動」*『教員養成セミナー』2009年9月号〜2010年8月号　時事通信出版局
国立教育政策研究所(2011)「評価規準の作成のための参考資料、評価方法等の工夫改善のための参考資料」
佐野正之(編著)(2005)『はじめてのアクション・リサーチ』大修館書店
Benesse 教育研究開発センター(2011)「第2回小学校英語に関する基本調査(教員調査)報告書」
Benesse教育研究開発センター(2008)「小学校英語・拠点校の取り組みに関する調査」
吉島茂、長谷川弘基(編)(2004)『外国語教育III―幼稚園・小学校編』朝日出版
吉島茂、長谷川弘基(編)(2007)『外国語教育IV―小学校から中学校へ』朝日出版
文部科学省(2009)『小学校学習指導要領』『小学校学習指導要領解説』『英語ノート1』『英語ノート2』『英語ノート1指導資料』『英語ノート2指導資料』『中学校学習指導要領』『高等学校学習指導要領』
European Centre for Modern Languages.　http://www.ecml.at/ (2007)
　　European Portfolio for Student Teachers of Languages. (2010) JoMiTE *Curriculum Framework 2009/2010.* JoMiTE Group
　　　　http://www.rug.nl/jomite/SPriTE/aboutsprite
　　The European Language Portfolio in use: nine examples, Ed. by David Little. http://www.coe.int/T/DG4/Portfolio/documents/ELP%20in%20use.pdf

※本著の執筆において、以下の科学研究費補助研究による研究成果を参考にしています。

代表者：吉島茂（聖徳大学）(2006-2008) 基盤研究（B）
　　　　「国際比較:初・中等教育における外国語教育の諸相」
代表者：投野由紀夫（東京外国語大学）(2008-2010) 基盤研究（A）
　　　　「小・中高大の一貫する英語コミュニケーション能力の到達度基準策定とその検証」
代表者：吉島茂（聖徳大学）(2010-)　基盤研究（A）
　　　　「グローカル時代の外国語教育-理念と現実／政策と教授法」

著者プロフィール：金森　強（かなもり・つよし）

松山大学大学院言語コミュニケーション研究科教授。第4期中央教育審議会初等中等教育分科会教育課程部会外国語専門部会委員、SELHi（スーパー・イングリッシュ・ランゲージ・ハイスクール）企画評価協力委員、日本児童英語教育学会（JASTEC）理事、小学校英語教育学会（JES）理事、日本英語音声学会理事など。専門は英語教育、音声学、早期英語教育、グローバル教育。20年以上にわたり小学生の英語および国際理解教育の指導・教材開発にあたる。小学校から高校までの教員研修の傍ら教材開発も手がける。

主な著書・監修教材に『小学校英語教育の進め方―「ことばの教育」として―［改訂版］』（成美堂・編著）『歌っておぼえる　らくらくイングリッシュ1、2』『らくらくピクチャーカード・セット1、2』『らくらくペン』（以上成美堂、監修・指導）、『英語力幻想――子どもが変わる英語の教え方』『ハリー博士のえいご聞き取り特訓教室』『最強のレッスンプラン』（以上アルク）、『「英語」であなたの子どもが変わる!』（研究社）など。

協力:平木裕(国立教育政策研究所　教育課程調査官)、大垣公子(尾道市立日比崎小学校校長)、遠藤恵利子(仙台市立向山小学校)、銘苅和人(石垣市立白保小学校)、中山晃(愛媛大学英語教育センター準教授)、旭川英語教育ネットワーク(AEEN)、松山大学アクション・リサーチ研究会、吉見香奈子(松山市立雄郡小学校)、三谷浩司(宇和島市立喜佐方小学校)、山本千明(新居浜市立角野小学校)　※敬称略

アート・ディレクション：岩渕りえ(due design)
イラスト：本山理咲

小学校外国語活動　成功させる55の秘訣
―うまくいかないのには理由(わけ)がある―

初版第一刷発行:2011年6月30日

発行者　株式会社　成美堂　佐野英一郎
〒101-0052　東京都千代田区神田小川町3-22
TEL 03-3291-2261　FAX 03-3293-5490
Eメール　kids@seibido.co.jp

http://www.seibido.co.jp/kids
成美堂・小学校英語教育応援サイト

DTP・印刷・製本　三美印刷㈱
ISBN978-4-7919-7153-4 C1082　Printed in Japan

乱丁落丁はお取替えいたします。本書の一部あるいは全部を無断で複写複製することは、著作権法上の例外を除き、著作権侵害となります。定価はカバーに表示してあります。

本書著者「金森 強」監修教材

発音の不安を解消し、担任中心の授業が実現できます。

らくらくペン

お手元のピクチャーカードが音声付きカードに!

ピクチャーカードにシールを貼り、ペンでタッチするだけで、「音声付きピクチャーカード」に変身! ネイティブ・スピーカーの発音で単語や例文が飛び出します。シールには「英語ノート」の約400語を含む、約1200語と例文約750を収録。動物の鳴き声などの楽しい効果音、歌やチャンツも多数収録しています。

I'm happy! ♪

Happy

Hamburger

CDラジカセにつないで使えます!

W happy
※単語シールの例

S I'm happy.
※例文シールの例

「英語ノート」の単語カードもシールを貼ればこの通り!

● らくらくペンとは・・・
専用の印刷物にタッチするだけで発音してくれる「音声ペン」です。ペン先のセンサーがデータを読み取って瞬時に音声を再生します。CDよりもずっと手軽に、いつでも何度でも音声モデルを提示できます。

ぼくが授業のお手伝いに行くよ!

[すでに約1000校で活用いただいています]

○ネックになっている「発音への不安」がこれで解消されます。

○パソコンやプロジェクターがなくても、簡単、手軽にさっと音が出る。反応も速くて音声も良く、驚きました。

○担任だけの授業で、タイミングよく何度もネイティブのモデルが聞かせられる。本当に助かります。

○特別支援学級の子どもにも格好の教材。

（先生方の声より）

ごまお先生

◆ 音声ペンの活用 ⇒ 本書 p.63、p.143、p.161参照。

簡単で手軽、パソコン不要。画期的なICT教材！　大好評発売中！

教室がまるごと教材になる！

教室の「ドア」「机」「黒板」など、あちこちにシールをペタッ。時間割、世界地図や子どもの持ち物も、シールを貼るだけで音声教材に。授業以外でも子どもがたっぷり英語にふれられる環境作りにも最適です！

まさに生きた教材が作れます！

授業のいろいろな場面で使える楽しい効果音がいっぱい！

時間割やカレンダーにシールを貼れば音の出る掲示物に！
先生手作りのポスターも音声教材に。

効果音とBGMで、英語以外の授業もぐんと楽しく！

「らくらくシール」内の1枚「らくらく下敷き」には、「ピンポン」「ブー」「拍手」など、合計60種類の効果音や音楽、英語フレーズを収録。授業がぐんと楽しくなります！

楽しい歌やクイズが飛び出す掛図で、聞く活動が十分できる！

- ●英語のクイズやナレーション、歌が飛び出します。
- ●聞く活動がたくさんできます。
- ●授業以外にも子どもたちが英語に親しめます。

大型掛図5枚セット

楽しい歌も！

成美堂 らくらくシリーズ
「らくらくペンセット」

内容：ペン、シール、大型掛図
　　　　　　　¥32,025-（税込）

※各種別売りもございます。

詳細は *WEB* で！！

　成美堂　らくらくペン　検索

動画もあります

で検索！

学校に出入りの書店・販売店でお求め下さい。

本書との併用をお勧めします！

2011年度より本格実施
小学校外国語活動、定番の指導書

小学校英語教育の進め方 改訂版
── 「ことばの教育」として ──

岡 秀夫（東京大学大学院教授）
金森 強（松山大学大学院教授）／編著

基本的な理念から指導計画作り、授業の進め方、具体的な活動案まですべてカバーした丁寧な指導書。

CDには教室英語、歌とチャンツ11曲を収録

【ご使用の先生の声より】
- 全人教育という視点からのアプローチに納得できる。
- 「新学習指導要領」のポイント、「英語ノート」の扱い方など、かゆいところに手が届く内容。
- 混乱する現場にとって、バイブルとも呼べる一冊。

- ■ 定価　2,500円＋税
　（税込 2,625円）
- ■ B5判・316ページ
　CD1枚つき
- ■ WEBにてCD試聴可

本書の構成

第1部 概論―理論と背景
外国語教育の意義、小学校外国語活動導入の経緯と現状・課題、言語習得論、脳科学と小学校英語教育、海外の初等外国語教育ほか

第2部 実践―何をどう進めるか
小学校英語教育の目標、年間指導計画作成のポイント―『英語ノート』の扱い―、クラスルーム・イングリッシュ150フレーズ（CD連動）ほか

第3部 演習―指導の実際と教材
指導の基本、導入から展開までの活動例（50以上の活動案を掲載）、振り返りカードの例、実際の単元展開例

付録・資料・コラム
実践例、『英語ノート』を取り入れたカリキュラム案、リンク集など

※「成美堂・小学校英語教育応援サイト」で詳しい内容をご覧いただけます。
※本書は、2007年1月発行の『小学校英語教育の進め方―「ことばの教育」として―』に、新学習指導要領を踏まえ新しい内容を盛り込んだ改訂版（第二版）です（2009年4月発行）。

最寄りの書店・ネット書店でお求め下さい。

本書著者「金森 強」監修教材

授業はもちろん、学校行事や昼休みにも大活躍!
英語の歌が全63曲。成美堂のらくらくシリーズ 大好評発売中

授業にぴったり合った歌が見つかる!

歌っておぼえる らく楽らく楽 イングリッシュ

① ②

1 アルファベット・数字・将来の夢
2 世界のあいさつ・12カ月・家族紹介
（全63曲）

■ 各CD1枚
（約30曲収録）、
歌詞・訳詞入り解説書
（約70ページ）

定価：各3,800円＋税 (税込 3,990円)
※商品の詳細はHPで。CDの試聴もできます。

（先生方の声）
「メロディがきれいで、心が優しくなる素敵な歌がいっぱい」
「高学年にぴったり! 公開授業や卒業式でも大活躍しています」

※英語の歌の選び方・使い方 ⇒ 本書 p.152参照。

楽しいクイズカード、美しい写真素材。CD（上記）と併せて使えます。

らくらくピクチャーカード・セット

① ハローコース ② フレンズコース

〈名詞カード〉 〈動詞カード〉 〈形容詞カード〉
hamburgers cook happy
What's this?
楽しいクイズカード入り!

（先生方の声）
「文字あり・なしの両面カードなので、
　つづりを見せる前に十分な音声指導ができます」
「男女両方の職業カードなどの配慮に感心しました」
「思わずWhat's this?と聞きたくなるクイズカードは
　先生の間でも人気です」

◆「らくらくペン」「らくらくシール」があれば
　音声付きカードに変身します。
◆ ピクチャーカードの選び方・使い方
　⇒ 本書 p.93、p.113、p.167参照。

■ピクチャーカード96枚
　（両面カラー、A4サイズ） ■解説書
■マグネット付きカードケース4枚
定価：各18,000円＋税 (税込 18,900円)

1のカード内容：食べ物、職業、持ち物、家族など
2のカード内容：世界のあいさつ、動物、動詞など

※学校に出入りの書店・販売店でお求め下さい。

成美堂・小学校英語サイト

現場の先生をサポートします！

Kids English SEIBIDO

成美堂　小学校　検索　で　今すぐ検索！

http://www.seibido.co.jp/kids/

23年度より小学校外国語活動がスタートしました。成美堂・小学校英語教育応援サイトでは、外国語活動についての最新情報をお届けするとともに、よりよい実践のための考え方と進め方、現場で役立つ教材やアイディアを提案していきます。

WEBサイトでメルマガにご登録いただくか、読者アンケートに答えていただくと、授業で使えるアクティビティのアイディアや最新情報が届きます！

小学校英語メールマガジン好評配信中！
書籍と連動したリンク集やワークシートなど、WEBだけの特典コンテンツもあります！